Un approccio integrato al problema della ricostruzione della viabilità romana in Sicilia

La via Catania-Agrigento

Marco Sfacteria

BAR International Series 2883

2018

Published in 2018 by
BAR Publishing, Oxford

BAR International Series 2883

Un approccio integrato al problema della ricostruzione della viabilità romana in Sicilia

ISBN 978 1 4073 1622 2

© Marco Sfacteria 2018

COVER IMAGE *Veduta panoramica dal monte Pozzetto verso Catania.*

The Author's moral rights under the 1988 UK Copyright,
Designs and Patents Act are hereby expressly asserted.

All rights reserved. No part of this work may be copied, reproduced, stored, sold, distributed, scanned, saved in any form of digital format or transmitted in any form digitally, without the written permission of the Publisher.

Printed in England

BAR titles are available from:

BAR Publishing
122 Banbury Rd, Oxford, OX2 7BP, UK
EMAIL info@barpublishing.com
PHONE +44 (0)1865 310431
FAX   +44 (0)1865 316916
www.barpublishing.com

Dedico questo lavoro ai miei genitori Tonia e Vittorio,

nell'arduo compito di ripagarli, seppure in minima parte,

per tutto ciò che mi hanno donato

INDICE

ABSTRACT vii

I. INTRODUZIONE 1

II. STRATEGIA E METODOLOGIA DELLA RICERCA 2

III. LE METODOLOGIE DI INDAGINE 3

   1. LE FONTI 3

      1.1. Fonti scritte 3

      1.2. Fonti itinerarie 5

         1.2.1. L'*Itinerarium Antonini* 5

         1.2.2. La *Tabula Peutingeriana* 8

         1.2.3. Altre fonti itinerarie 8

      1.3. Fonti cartografiche 10

      1.4. Fonti toponomastiche 12

         1.4.1. Elenco dei toponimi 12

   2. TELERILEVAMENTO E FOTOINTERPRETAZIONE 14

   3. GIS E ANALISI SPAZIALI 16

   4. RICOGNIZIONI DI SUPERFICIE 20

   5. INDAGINI GEOFISICHE 24

   6. INTERVENTI DI SCAVO 26

IV. LA VIA DA CATANIA AD AGRIGENTO 29

   1. STORIA DEGLI STUDI E DELLE RICERCHE 29

   2. IL SITO DI SOFIANA E LA *MANSIO PHILOSOPHIANA* 31

   3. UNA IPOTESI RICOSTRUTTIVA 34

      3.1. Da Catania a *Capitoniana* 34

      3.2. Da *Capitoniana* a *Philosophiana* con ipotesi di viabilità secondaria 43

      3.3. Da *Philosophiana* a *Calloniana* (e *Petiliana*?) 54

      3.4. Da *Calloniana* a *Corconiana* 58

      3.5. Da *Corconiana* ad Agrigento 61

V. CONCLUSIONI 66

SCHEDARIO TOPOGRAFICO 69

BIBLIOGRAFIA 79

ABSTRACT

Un approccio integrato al problema della ricostruzione della viabilità romana in Sicilia: la via Catania-Agrigento

Il presente lavoro prende le mosse dalla necessità di rivedere, alla luce delle più recenti ricerche, le ipotesi relative al percorso della strada romana che congiungeva *Catina* ad *Agrigentum*. La strada è citata due volte nell'*Itinerarium Antonini*, ovvero nel percorso *a Traiecto Lilybeo* che dallo Stretto di Messina giungeva all'odierna Marsala passando prima da Catania e da questa ad Agrigento, per proseguire poi lungo la costa sudoccidentale, e nel percorso *a Catina Agrigentum mansionibus nunc institutis*.

In entrambi i casi vengono citate le *stationes* intermedie poste lungo il percorso; di queste *stationes*, l'unica per la quale la collocazione topografica è pressoché unanime è la *statio Philosophiana*, identificata con il sito di c.da Sofiana nel territorio di Mazzarino (CL), nei pressi della Villa del Casale di Piazza Armerina (EN). Il sito di Sofiana, già scavato negli anni '50 (scavi Adamesteanu) e poi a cavallo degli anni '80 e '90 (scavi La Torre) del secolo scorso, è stato interessato, a partire dal 2009, da un progetto di archeologia globale dei paesaggi che ha gettato nuova luce sulle dinamiche insediative nel territorio e ha permesso di avere un quadro esaustivo riguardo la cronologia e le fasi dell'insediamento. È proprio a partire dal *Philosophiana Project* che ha mosso i primi passi la nostra ricerca, con la volontà precipua di comprendere il rapporto tra il sito di Sofiana e l'ipotetico tracciato della strada già ricostruito da altri autori. Partendo da tale obiettivo, non ci si poteva esimere dal tentare di aggiornare e rivedere le suddette ipotesi, con una particolare attenzione ad evitare vizi di lettura legati ad una forzata volontà di riconoscere sul terreno le tappe intermedie citate nell'*Itinerarium*. A tal fine è stata creata una *pipeline* di lavoro basata sulla raccolta di quante più fonti possibili (fonti cartografiche e fotografiche, fonti scritte, orali ecc.) e sull'utilizzo delle tecnologie e delle metodologie più idonee al carattere della ricerca (GPS, GIS, telerilevamento, analisi spaziali, prospezioni geofisiche ecc.).

Il risultato raggiunto è duplice ma interdipendente: da un punto di vista prettamente metodologico si fornisce una ipotesi di ricostruzione topografica dettagliata e quanto più possibile documentata della strada. Da un punto di vista storico-archeologico si presenta un quadro aggiornato delle ipotesi di identificazione delle *stationes* intermedie e si avanzano nuove ipotesi relativamente alla cronologia stessa della strada, probabilmente impostata in età augustea, nonché alla problematica del doppio toponimo (*Gela sive Philosophianis*) con il quale la *statio* di *Philosophiana* è citata nell'*Itinerarium Antonini* e che potrebbe tradire la compresenza, a poca distanza l'una dall'altro, di una *mansio* (*Philosophiana*) e di un insediamento di carattere urbano (*Gela*).

An integrated approach to the problem of the reconstruction of the roman roads in Sicily: the Catania-Agrigento route

This work starts from the need to review, in the light of the latest research, the hypotheses concerning the path of the Roman road from *Catina* to *Agrigentum*. The road is cited two times in the Antonine Itinerary: in the *a Traiecto Lilybeo* route, that goes from the Strait of Messina to today's Marsala by first passing from Catania and from this to Agrigento, then continuing along the southwest coast; in the *a Catina Agrigentum mansionibus nunc institutis* route that goes from Catania to Agrigento crossing probably new founded *mansiones*.

In both cases the intermediate *stationes* along the path are cited; of these *stationes*, the only one for which topographical placement is almost unanimous is the *statio Philosophiana*, identified with the site of c.da Sofiana in the territory of Mazzarino (CL), near the Villa del Casale in Piazza Armerina (EN). The site of Sofiana has been excavated in the 1950s by D. Adamesteanu and then in the 1980's and 1990's by G.F. La Torre. Sofiana has been of interest, since 2009, by a project involved in global landscape archeology that have shed new light on the settlement dynamics in the territory and has allowed us to draw an exhaustive picture of the chronology and phases of the settlement. It is from the Philosophiana Project that our research moved the first steps, with the will to understand the relationship between the site of Sofiana and the hypothetical route of the mentioned road, as already supposed by other authors. Starting from this goal, we felt the need to update and review the aforementioned hypotheses, with particular attention to avoiding conflicts of interpretation linked to the will of recognizing on the ground the intermediate steps cited in the *Itinerarium*. For this purpose a working strategy has been created, based on the collection of as many sources as possible (cartographic and photographic sources, written and oral sources, etc.) and the use of the most appropriate technologies and methodologies (GPS, GIS, remote sensing, spatial analysis, geophysical prospecting, etc.).

The achieved result is twofold but interdependent: from a purely methodological point of view, a detailed, and as documented as possible, topographic reconstruction of the road is provided. From an historical and archaeological point of view, an updated picture of the hypotheses of identification of the intermediate *stationes* is presented, along with new hypotheses regarding the chronology of the road – probably set in the Augustan age – as well as the problem of the double place name "*Gela sive Philosophianis*" with which the *statio* of *Philosophiana* is cited in the Antonine Itinerary, and which could reveal the coexistence of a station (*Philosophiana*) and an urban settlement (*Gela*), not far from each other.

I. INTRODUZIONE

La viabilità rappresenta un elemento fondamentale per la comprensione di un paesaggio; le vie di comunicazione hanno sempre costituito un vettore di uomini, idee e merci ed è per questo che ricostruirne gli andamenti, le direzioni e le trasformazioni attraverso i secoli rappresenta una condizione essenziale per analizzare nella loro complessità gli insediamenti e le economie antiche.

In particolare l'esigenza di una rilettura[1] topografica e cronologica della strada *a Catina Agrigentum* a più di dieci anni dagli ultimi lavori monografici su tale percorso[2], è stata una fisiologica conseguenza delle nuove acquisizioni che a partire dal 2009, nell'ambito del *Philosophiana Project*, hanno interessato l'unico sito nel quale, fino ad adesso, gli studiosi sono stati concordi nel riconoscere una *statio* della suddetta strada, e per di più quella mediana tra i due centri principali.

La cultura materiale del sito di Sofiana ed in generale del territorio ad esso pertinente, indica una vitalità negli scambi e nella circolazione delle merci che, soprattutto per quel che concerne il periodo tardo romano e primo medievale, dà l'immagine di centro nevralgico per l'economia della regione[3].

Un nuovo studio della strada Catania-Agrigento si è rivelato dunque necessario al fine di riconoscere le direttrici di tali scambi commerciali e delle dinamiche a queste annesse; ma ricostruire il percorso della strada ha avuto sin da subito anche un altro obiettivo, ovvero quello di gettare nuova luce sulla *vexata quaestio* riguardo il doppio toponimo *Gela/Philosophiana* citato nell'*Itinerarium Antonini*; in particolare la domanda di partenza è stata se ci trovassimo di fronte ad un percorso realizzato in funzione del passaggio presso un centro preesistente, ovvero la città primo-medio imperiale ipotizzata da La Torre[4], o se non si trattasse invece di un centro sorto attorno ad una *statio* creata *ad hoc*, nell'ambito di una nuova pianificazione del *cursus publicus* nella Sicilia tardoromana, sfruttando un insediamento precedente, ma con un nuovo impianto.

Ulteriore obiettivo del progetto è stato quello di creare un modello sulla base del quale affrontare lo studio delle strade antiche di Sicilia, le quali come vedremo hanno spesso avuto una evoluzione – legata alle dinamiche politiche e sociali della storia isolana – che ne rende difficile il confronto diretto con altre realtà.

Il riferimento alle *tecnologie* nel titolo del lavoro non vuole suggerirne un supposto carattere di novità od originalità[5], ma ho ritenuto fosse utile per rendere chiara sin da subito la differenza di approccio del mio lavoro rispetto a quello di molti dei precedenti studi sulla viabilità siciliana[6].

A proposito di tecnologie, nel corso del mio lavoro ho tentato di evitare due approcci particolarmente diffusi[7]: quello "ipertecnicistico" il quale spesso nasconde, sotto il velo di una scientificità esatta, una certa vuotezza di contenuti dal punto di vista della sintesi storica, e quello opposto della critica *tout court* alle tecnologie, la quale non di rado deriva dalla incapacità di "far parlare" il dato ottenuto.

Ho inoltre sempre anteposto vari "forse" ed "è probabile" nel presentare i miei risultati poiché quando si lavora su un manufatto tanto grande quanto invisibile come è una strada romana in Sicilia (ma non solo), vi è sempre il rischio di abbandonarsi ad una involontaria forzatura del dato, favorita dalla oggettiva difficoltà di confutare una ricostruzione ipotetica il cui presupposto è che resti tale, salvo il ritrovamento, difficile a dire il vero, di un elemento indubitabilmente costitutivo la strada stessa.

A proposito di ciò, vi è un'altra dicotomia di approccio rispetto alla quale ho tentato di mantenermi in posizione di equilibrio: nell'ambito degli studi sulla viabilità infatti, si tende in alcuni casi a sminuire l'importanza fisica della strada ed il rapporto di questa con il territorio, con il risultato di giungere a conclusioni che non reggono il confronto con il dato materiale[8], o in altri, al contrario, si tende ad amplificarne il mero aspetto ingegneristico[9] dando risposta del come, ma non del quando né del perché la strada sia stata messa in opera.

---

[1] Questo testo ripropone in larga misura la tesi da me scritta nell'ambito del Dottorato in Scienze Archeologiche e Storiche Antiche (XXIX ciclo), svolto presso l'Università di Messina. Colgo l'occasione per ringraziare il mio tutor Prof. G.F. La Torre ed il mio co-tutor Prof. E. Vaccaro, che mi onorano con la loro amicizia e rappresentano per me una guida imprescindibile. Un sentito *grazie* alla coordinatrice della scuola di Dottorato Prof.ssa M. Caltabiano, la cui disponibilità, gentilezza e prodigalità di consigli rappresentano tutt'oggi un esempio di dedizione più unico che raro. Un sentito ringraziamento anche al Prof. F. Mollo per la sincera amicizia e per il costante supporto. Il *grazie* più grande va però a mia moglie Elisa, mia migliore amica e compagna di vita, che ha sempre gioito con me nei momenti di entusiasmo e mi ha, ahilèi, sopportato e consolato nei momenti di sconforto.
[2] UGGERI 2004, pp. 251-266; PALADINO 2006.
[3] VACCARO 2012; VACCARO 2013.
[4] LA TORRE 1994.
[5] Circa l'applicazione delle tecnologie nello studio archeologico del territorio basti pensare, ad esempio, alle attività del *Laboratorio di Archeologia dei Paesaggi e Telerilevamento* (LAP&T LAB) e del *Centro di Geotecnologie* dell'Università di Siena, del *Laboratorio di Topografia Antica e Fotogrammetria* (LabTAF) dell'Università del Salento e, per la Sicilia, quelle del *Laboratorio di Topografia antica* dell'Università degli studi di Palermo e dell'IBAM CNR di Catania. Per la più aggiornata panoramica sullo stato dell'arte delle tecnologie applicate alla ricerca archeologica, si veda CAMPANA *et al.* 2016.
[6] Con le dovute eccezioni naturalmente: si veda ad es. BELVEDERE, BURGIO 2009.
[7] Partendo dal presupposto che "se si instaura artificiosamente la dittatura di un tipo di approccio/procedura/tecnologia o di una classe di fonti o di documenti, ecco che viene meno la ricerca" (CAMBI 2009, p. 352).
[8] Cfr. ad esempio VERBRUGGHE 1976, ove località distanti decine di chilometri vengono "sovrapposte" tradendo una ricostruzione basata su carte a piccolissima scala.
[9] Cfr. ad esempio i lavori di I. Moreno Gallo sulla viabilità romana in Spagna.

II. STRATEGIA E METODOLOGIA DELLA RICERCA

Dal punto di vista metodologico, obiettivo del progetto sin dal suo principio è stato quello di affiancare le geotecnologie alle fonti tipiche della ricerca archeologica e topografica, secondo la metodologia propria dell'Archeologia dei Paesaggi[10].

Per quel che concerne la definizione del contesto territoriale, è stata creata in ambiente GIS un'area di rispetto costituita da un rettangolo di 133 km nell'asse EO e 35 km nell'asse NS. L'angolo NE del rettangolo è situato sopra Catania, ovvero da dove la strada doveva, con ogni probabilità, dirigersi verso ovest o sud-ovest. L'angolo SO del rettangolo si trova ca. 25 km a sud di Agrigento (**fig. 1**). Questa scelta è stata dettata dalla possibilità che il percorso, per almeno una sua parte, potesse svilupparsi al di sotto della longitudine di Agrigento.

Sono state utilizzate le seguenti fonti edite:

- cartografia antica, storica e contemporanea
- fonti itinerarie
- produzione letteraria antica e scientifica
- tradizioni orali
- toponomastica
- documenti d'archivio

A queste sono state affiancate le analisi da *remote sensing* ovvero:

- aerofotointerpretazione
- telerilevamento satellitare
- prodotti LiDAR.

Circa le attività sul campo sono state effettuate:

- ricognizioni sistematiche nell'area campione di S. Salvatore
- prospezioni magnetometriche nell'area campione di S. Salvatore
- ricognizioni autoptiche non sistematiche presso aree di interesse (come ad esempio presso il fiume Nociara o lungo trazzere e sentieri)
- saggio di scavo nell'area del sito di Sofiana.

Tutti i dati sono stati gestiti in ambiente GIS, sul quale sono state effettuate una serie di analisi spaziali (*cost weighted analyses*, analisi di pendenze, di visibilità ecc.).

Si è tentato di portare avanti il progetto "a costo zero" finché possibile, utilizzando programmi *open source*, Apps gratuite e documentazione (soprattutto cartografica) reperibile *online*.

Data la mole e la diversità del materiale utilizzato, lo studio non ha seguito un processo standardizzato. In linea di massima si è proceduto con uno studio regressivo della viabilità e del territorio in generale, tentando di ricostruire la persistenza di determinati tratti o aree di strada, sovrapponendo poi a questi i dati archeologici noti e analizzando le caratteristiche morfologiche ed idrogeologiche dell'area in esame, procedendo costantemente anche con le analisi da telerilevamento e con l'esame autoptico del paesaggio.

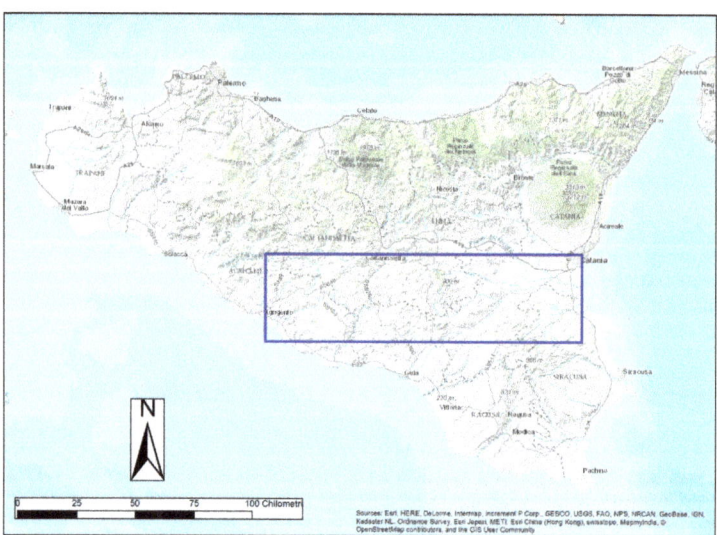

Fig. 1: Area oggetto della ricerca (elaborazione di M. Sfacteria).

---

[10] Per una trattazione esaustiva su tale metodologie, il principale punto di riferimento continua ad essere il manuale di Franco Cambi (vedi CAMBI 2011).

III. METODOLOGIE DI INDAGINE

1. LE FONTI

1.1. Fonti scritte

Non esistono fonti dirette sulla strada Catania-Agrigento. Per quanto riguarda gli autori antichi, da Plinio e da Strabone è possibile recuperare utili informazioni circa il percorso da *Traiecto* a Catania e da Agrigento a *Lylibaeo*, ma questo consente al massimo di verificare l'attendibilità o meno dell'*Itinerarium* nel computo totale delle distanze tràdite per quanto riguarda l'itinerario *a Traiecto Lylibaeo*, sebbene, come si vedrà in seguito (vedi *infra* III, 1.2.1), isolare gli errori all'interno dello stesso è impresa assai ardua.

Circa le fonti medievali, poco ci aiuta il *Libro di Ruggero* di al-Idrisi (1100-1166). L'ipotesi che la *Qarqudhi* citata dal geografo arabo possa essere la *Corconiana* dell'*Itinerarium Antonini*, ovvero il sito di Vito Soldano presso Canicattì, è sostenuta ad esempio da Palladino la quale scrive: "*a conferma dell'ipotesi di identificazione...si può chiamare in causa la parziale corrispondenza del toponimo con quello arabo* Qarqudhi, *casale che Edrisi colloca 18 miglia arabe a est di Agrigento, a una distanza, cioè, che risulta nel complesso coerente con quella di 13 miglia intercorrente secondo I. Ant tra Cosconianis ed Agrigentum*"[11], ma l'ipotesi non trova riscontri effettivi. Innanzitutto raramente si può avere una certezza relativamente alle distanze tràdite dal geografo arabo[12], in quanto spesso non specifica se si stia riferendo a miglia arabe o romane; nel caso specifico anzi, se le miglia fossero arabe[13] come scrive la Paladino, si avrebbe una distanza tra Agrigento e Vito Soldano di più del doppio rispetto alla distanza reale. La distanza quadrerebbe invece se si trattasse di miglia romane, ma se *Qarqudhi* fosse presso Vito Soldano dovremmo considerare sbagliate tutte le altre distanze tràdite da Idrisi per tale località: egli scrive, ad esempio che *Qarqudhi* dista dodici miglia da Butera, che equivarrebbero a poco meno di 18 km se si trattasse di miglia romane, o ca. 23 km se si trattasse di miglia arabe, ma la distanza in linea d'aria tra Vito Soldano e Butera è di ca. 45 km. Stesso discorso vale anche per la misura tràdita dal geografo circa la distanza tra *Qarqudhi* e Piazza Armerina.

Dal punto di vista della ricerca d'archivio poco utile è stato anche lo spoglio dei riveli di beni e di anime custoditi presso l'archivio di Stato di Palermo[14]. I riveli, ovvero l'equivalente siciliano dei catasti onciari, sono il risultato di una serie di censimenti effettuati a fasi alterne tra il XVI ed il XIX sec. d.C.; essi danno utilissime informazioni di tipo demografico[15], ed infatti sono utilizzati per ricostruire le genealogie delle famiglie dell'isola, ma sono spesso carenti dal punto di vista dell'informazione topografica. Nel caso specifico la ricerca è stata effettuata soprattutto in riferimento a Sofiana ed al territorio di Mazzarino.

Stesso discorso vale per una serie di documenti giuridici vagliati alla ricerca di informazioni che potessero indirettamente fornire qualche dato sull'esistenza di tracce relative alla strada: è stato ad esempio analizzato un gran numero di ordinanze promulgate nel XIX sec. in relazione agli usi civici nel territorio di Mazzarino, dalle quali però altro non si ricava se non che, con l'abolizione della feudalità, i mazzarinesi tentarono di avere legalmente riconosciuto il diritto di fare legna e raccogliere *disa*[16] presso gli ex feudi del territorio circostante – tra i quali ad esempio Alzacuda e *Safiana* – i quali "*sono aperti a chiunque*"[17].

Un approfondimento di tale tipo di documentazione potrebbe forse dare utili informazioni riguardo ad esempio la continuità d'uso delle parcellizzazioni presenti nei pressi del sito di Sofiana, tenendo conto della condizione di immobilità dei latifondi legati alla feudalità siciliana[18] che nel territorio di Mazzarino dovette essere ancora più accentuata se, come attestato in un documento di retribuzione fondiaria del 1852, l'agricoltura dei grossi proprietari di Mazzarino risultava particolarmente arretrata[19]. Naturalmente i dati sono troppo esigui per affrontare uno studio, per quanto possibile, regressivo[20] che meriterebbe una trattazione monografica a sé.

Qualche dato indiretto si è potuto ricavare dallo spoglio dei documenti estratti dall'Archivio della Corona d'Aragona[21]. Vi è in particolare una lettera di Re Pietro che avverte del suo prossimo passaggio presso alcune città per raccogliere truppe al fine di muovere contro Carlo di Provenza[22]. Le città citate nella lettera suggeriscono un percorso che doveva seguire una vera e propria strada, come si può desumere dal fatto che avrebbe dovuto permettere lo spostamento di un intero esercito; l'itinerario descritto parte da Polizzi, da qui discende a Enna, poi a Piazza e da questa va verso Mineo e Lentini, per poi probabilmente risalire verso Randazzo. È chiaro come tale percorso non possa in alcun caso ripercorrere il tracciato della Catania-Agrigento romana – se non per il breve

---

[11] PALADINO 2007, p. 47, nota 17.
[12] RIZZITANO 1994, p. 12.
[13] Riguardo il valore del miglio arabo, probabilmente corrispondente a ca. 1,972 metri, vedi MERCIER 1992, p. 177.
[14] Consultabili alla pagina http://san.beniculturali.it/web/san/documenti-online
[15] Vedi ad es. LIGRESTI 1995; LIGRESTI 2002.
[16] La *disa* è una graminacea tipica dell'area mediterranea, ampiamente utilizzata per i lavori agricoli.
[17] DI STEFANO 1930, p. 7.
[18] Sulla feudalità siciliana vedi LIGRESTI 1992.
[19] CARUSO, NOBILI 2001, p. 544.
[20] Circa il metodo regressivo cfr. COSTE 1996, pp. 17-23.
[21] SILVESTRI 1882.
[22] *Ivi*, p. 19.

tratto, quasi obbligato, che da Piazza giunge a Mirabella Imbaccari per poi passare a nord delle alture di Poggio Montagna, Monte Frasca ed infine Tre Portelle, dove probabilmente vi era il valico per raggiungere Mineo – ma fornisce una indicazione relativa alla mutevolezza della viabilità dell'entroterra siciliano, legata a doppio filo al variare delle contingenze storiche e degli interessi sociali e politici dell'isola.

Poche informazioni si possono desumere analizzando i resoconti dei viaggiatori che nel corso dei secoli hanno attraversato la regione, per lo studio dei quali ci si è in parte avvalsi della fondamentale opera del Di Matteo[23]. Difficile risalire, da queste opere, ad informazioni dirette circa la nostra strada, sebbene da tali fonti si possano in qualche modo ricavare notizie circa le direttrici viarie interne delle epoche alle quali i viaggi afferiscono. Così ad esempio Caumont De Nompar II (1391-1496) attraversa a cavallo la Sicilia interna passando da Modica, Chiaramonte, Caltagirone, Calascibetta, Polizzi, Caltavuturo, Sclafani e Termini[24], mentre Leandro Alberti (1479-1553)[25] descrive un percorso che da Agrigento conduce a Licata, poi a Mazzarino ed infine a Terranova, seguendo un itinerario che ricorda suggestivamente una parte della ipotetica *via interna da Alesa ad Enna e Finzia* ricostruita da Uggeri[26] sulla scorta di un passo di Cicerone[27].

Circa l'utilità, nell'ambito del presente studio, di alcune donazioni databili al XII secolo d.C. e riportate dallo storico Rocco Pirri (1577-1651)[28], così come dell'apporto delle opere di altri storici siciliani quali ad esempio Girolamo Chiarandà (1613-1701) ed il più noto Vito Maria Amico (1697-1762), si parlerà più approfonditamente in seguito (vedi *infra* cap.IV).

---

[23] DI MATTEO 1999.
[24] *Ivi*, pp. 236-238 e bibliografia precedente.
[25] DI MATTEO 1999, pp. 49-52 e bibliografia precedente.
[26] UGGERI 2004, pp. 279-284.
[27] CIC., II, *Verr.* III, 192.
[28] PIRRI 1733.

Metodologie di indagine

1.2. Fonti itinerarie

Gli *itineraria* rappresentano le fonti principali per la conoscenza della viabilità romana, sebbene del notevole numero che possiamo immaginare sia stato prodotto, pochissimi sono giunti fino ai nostri giorni.

Sulle tipologie e gli usi di questi *itineraria* fornisce utili informazioni un passo di Vegezio (vissuto tra il IV ed il V sec. d.C.):

> "*Primum itineraria omnium regionum, in quibus bellum geritur, plenissime debet habere perscripta, ita ut locorum intervalla non solum passuum numero sed etiam viarum qualitate perdiscat, conpendia, deverticula montes flumina ad fidem descripta consideret, usque eo, ut sollertiores duces itineraria provinciarum, in quibus necessitas gerebatur, non tantum adnotata sed etiam picta habuisse firmentur, ut non solum consilio mentis verum aspectu oculorum viam profecturus eligeret.*"[29]

Dal suddetto passo si apprende che gli itinerari dovevano fornire non solo indicazioni relative alle distanze tra le località, ma anche circa la situazione della viabilità con relative deviazioni e scorciatoie e le caratteristiche del territorio quali i fiumi e i monti, così che un generale – l'opera è un compendio di arte militare – potesse visualizzare a mente il cammino; si apprende inoltre che non vi erano solo *itineraria adnotata*, ma anche *picta*, così da visualizzare il percorso non solo con la mente ma anche con gli occhi.

1.2.1. L'*Itinerarium Antonini*

L'*Itinerarium Antonini* rientra nella categoria degli *itineraria adnotata* e costituisce una raccolta dei percorsi che attraversavano l'impero romano, presentati sotto forma di elenchi di località con le rispettive distanze tra le tappe. La redazione dell'*Itinerarium* viene fatta risalire al periodo a cavallo tra l'ultimo ventennio del III sec. d.C. e la metà del IV d.C., ovvero nel periodo compreso tra Diocleziano e Costantino[30] forse a partire da un archetipo che, come suggerisce il nome dell'opera, potrebbe riferirsi ad età severiana[31].

Circa la funzione effettiva di questo *Itinerarium* e i motivi che portarono a compilarlo, molti studiosi ritengono oggi che si tratti di un'opera di letteratura geografica, vero e proprio genere letterario senza alcuna volontà di praticità[32], probabilmente derivata da una *itinerarkarte*[33]; ancor più di recente si è sottolineata la disorganicità dell'*Itinerarium* nel suo insieme[34], che dovrebbe fare considerare l'opera un elenco erudito a uso privato, ma sembra comunque innegabile che tale elenco sia derivato da documenti ufficiali in seguito integrati con informazioni acquisite da materiali di altra natura[35].

Il tratto di viabilità oggetto della presente ricerca, ovvero la via da Catania ad Agrigento, è citato due volte nell'*Itinerarium*, nel percorso che dallo Stretto di Messina giungeva all'odierna Marsala passando prima da Catania e da questa ad Agrigento, per proseguire poi lungo la costa sudoccidentale (*A Traiecto Lilybeo*) (**fig.2**), e nel percorso *a Catina Agrigentum mansionibus nunc institutis* (**fig.3**) che interessa solo il tratto da Catania ad Agrigento. Si è soliti ritenere che questa doppia citazione sia imputabile ad una aggiunta di stazioni lungo il già esistente tracciato (*A Traiecto Lilybeo*) o ad una probabile modificazione del percorso originario della strada, forse legato al potenziamento del *cursus publicus* che interessò la Sicilia nel IV sec. d.C.[36]

Poiché la via Catania-Agrigento è presente solo nell'*Itinerarium*, l'unico modo per testare l'affidabilità delle distanze tràdite dal testo consiste nell'effettuare dei calcoli incrociati con altri dati e fonti a nostra disposizione (vedi *infra* **TAB. I**). Questa via, come già detto precedentemente, compare due volte nell'*Itinerarium*: una delle due, *A Traiecto Lilybaeo*, presenta anche il percorso da *Traiectus* a Catania e poi da Agrigento a Lilibeo.

Traiectus è forse da identificare con Capo Peloro/Punta del Faro[37].

Il percorso da Catania a *Traiectus* è confrontabile con la stessa tratta presente sempre nell'*Itinerarium* al passo 90, mentre per la tratta da Agrigento a Lilibeo possiamo utilizzare come confronto la *Tabula Peutingeriana*.

Il percorso totale *A Traiecto Lilybeo* è di 257 miglia[38], ovvero 381 km, misura realistica dal momento che sommando un percorso ricostruito sull'attuale A18/E45 e sulla SS 114 (orientale sicula) da Messina a

---

[29] Vegezio, *Epitoma rei militaris*, III, 6.
[30] Cfr. CALZOLARI 1996, pp. 380-382 e relativa bibliografia.
[31] Vedi ad es. DILKE 1985, p. 125; CHEVALLIER 1972 p. 30; UGGERI 2004 p. 35. Circa il nome, in VAN BERCHEM 1937 l'autore ipotizzava che l'opera fosse una raccolta di itinerari dei viaggi degli imperatori e che il compilatore avrebbe deciso di utilizzare come titolo quello del viaggio di Caracalla ad Alessandria del 214-215. Riguardo i rischi legati all'utilizzo del titolo per un inquadramento cronologico cfr. REED 1978, pp. 231-232; ARNAUD 1993 p. 47 ipotizza una falsificazione che farebbe cadere il collegamento tra l'*Itinerarium* e gli Antonini.
[32] ARNAUD 1993.
[33] CALZOLARI 1996 pp. 378-379. Così come già in KUBITSHCEK 1916, nel quale lo studioso riteneva che l'*Itinerarium* fosse la trascrizione di uno *itinerarium pictum* ad opera di un individuo inesperto.
[34] CORSI 2001, p. 60.
[35] CALZOLARI 1996, p. 380; UGGERI 2004, p. 35.
[36] UGGERI 2004, p. 251.
[37] CALZOLARI 1996, p. 443
[38] Da questo momento, ogni volta che nel testo saranno citate "miglia", tranne diversamente specificato, ci si starà riferendo al *miliarium*, equivalente a 1479,05 m (vedi BIANCHINI 2008 p. 357.). Le cifre riportate nel testo sono approssimate per arrotondamento a livello della terza cifra significativa.

TAB. I[39]

	It. Ant. (86,2) A Traiecto Lilybeo	It. Ant. (89,3) Alio itinere a Lilybeo Messana	It. Ant. (94,2) Item Catina Agrigentum Mansionibus Nunc Institutis	Tab. Peut.	Plin. (N.H. III)	Strab. (VI)	Idrisi	Distanze effettive
Da *Traiectus* a *Lilybeo*	257 m.p. (381 km)				242 m.p. (358 km)			378/381 km
Da *Traiectus* a *Catina*	80 m.p. (118 km)							100 km
Da *Catina* ad *Agrigentum*	90 m.p. (133 km)		91 m.p. (135 km)					135-137 km
Da *Agrigentum* a *Lilybeo*	87 m.p. (129 km)			85 miglia (126 km)	5 m.p.	63 m.p. (140 km)	82-94 m.p. (121-139 km)	136 km
Da *Catina* a *Messana*	68 m.p. (100 km)	64 miglia (94 km)				63 m.p. (93 km)		88-90 km
Da *Traiectus* a *Messana*	12 m.p. (17 km)							12 km
Da *Catina* a *Philosophiana*	45 m.p. (66,5 km)		45 m.p. (66,5 km)					75 km
Da *Catina* a *Capitoniana*	24 m.p. (35,5 km)		24 m.p. (35,5 km)					
Da *Capitoniana* a *Philosophiana*	21 m.p. (31 km)		21 m.p. (31 km)					

---

[39] La Tabella non ha pretese di completezza, la sua funzione è quella di schematizzare i tratti di viabilità affrontati nel testo. Le distanze effettive, calcolate su piattaforma GIS, sono approssimate tenendo conto della morfologia del territorio, delle distanze tra i siti intermedi noti e dei percorsi ancora oggi ricostruibili sulla scorta della viabilità moderna e della rete di sentieri e trazzere che attraversano la regione.

Catania ca. 88-90 km), alla SS 115 tra Agrigento e Marsala (ca. 136 km), ed alla distanza tra Capo Peloro e Messina lungo la consolare Pompea (ca. 12 km), avremo 236 km. Mancherebbe il tratto da Catania ad Agrigento che, con buona approssimazione seguendo la ricostruzione che si presenterà in seguito (vedi *infra*, cap. V) dovrebbe essere di ca. 138/140 km, per un totale di 374/376 km.

Bisogna inoltre tenere conto di una serie di fattori, ovvero che: la distanza tra Capo Peloro e Catania nell'itinerario *A Traiecto Lilybeo* è di 80 miglia (12 miglia da Capo Peloro a Messina e 68 miglia da Messina a Catania), ca. 118 km, quindi circa 18 km in più rispetto alle distanze attuali; la distanza tra Agrigento e Marsala nell'itinerario *A Traiecto Lilybeo* è di 87 miglia, pari a ca. 129 km; il tratto tra Catania ed Agrigento è di 90 miglia, ovvero ca. 133 km, distanza non molto dissimile da quella da noi calcolata; la distanza tra Catania e Messina è presente anche nell'*alio itinere* (It. Ant, 90), dove corrisponde a 64 miglia, ovvero ca. 94 km, con uno scarto di 6 km in meno rispetto all'itinerario *A Traiecto Lilybeo*.

Sommati alla distanza da Capo Peloro diventerebbero ca. 106 km; la distanza tra Agrigento e Marsala nella *Tabula Peutingeriana* è di 85 miglia, ovvero ca. 126 km.

Dalle suddette osservazioni possiamo stabilire una serie di punti fermi: innanzitutto l'itinerario *A Traiecto Lilybeo* presenta una misura totale assolutamente credibile rispetto alle distanze reali; per quanto riguarda il tratto da Agrigento a Lilibeo, l'itinerario *A Traiecto Lilybeo* è abbastanza affidabile sia rispetto alle misure reali che confrontato con la *Tabula Peutingeriana*; per quanto riguarda la distanza tra Messina e Catania, sembrerebbe invece più preciso l'*alio itinere*.

Quindi tra Capo Peloro e Catania nell'itinerario *A Traiecto Lilybeo* c'è un disavanzo rispetto all'*alio itinere* di circa 12 km ed è plausibile che l'errore sia nella distanza tra Messina e Capo Peloro, segnata 12 *mpm* ma che Calzolari suggerisce di correggere in 7/8 *mpm*[40], ovvero 10,3/11,8 km. Riguardo la correzione di questa distanza Uggeri, confrontando Plinio[41] – che dà una distanza dal Peloro a Lilibeo di 242 miglia –, e Strabone[42] – che dà 235 miglia da Messina a Lilibeo –, ricava una distanza di 7 miglia tra Messina e Peloro[43].

Pace[44] riteneva invece credibile la distanza di 12 miglia, riportata anche dai portolani medievali così come da Idrisi[45], anche se riguardo quest'ultimo abbiamo già avuto modo di osservare come in altri passi dell'opera un miglio corrisponda effettivamente a un chilometro (vedi *ultra*, p. 6).

Optando per questa correzione, il computo totale del percorso *A Traiecto-Catina* sarebbe di 112,5 km, e di conseguenza il percorso totale da Catania ad Agrigento sarebbe di ca. 378/381 km, misura molto più vicina alle distanze reali.

Ricordiamo che la distanza tra Catania e Messina è tramandata anche da Strabone (VI, 266) il quale ci informa che da Catania a Taormina ci sono 33 miglia e da Taormina a Messina ce ne sono 30[46].

Sempre Strabone[47] cita la distanza tra Lilibeo ed Eraclea Minoa (75 miglia) e da questa ad Agrigento (20 miglia) per un totale di 95 miglia, superiore alle 87 miglia dell'itinerario *A Traiecto Lilybeo*, ed alla distanza reale tra Agrigento e Marsala. Per questo ultimo tratto Idrisi indica una giornata da Agrigento a Sciacca, due giornate leggere da Sciacca a Mazara ed una giornata da Mazara a Marsala[48]; seguendo Amari il quale, in relazione alle distanze tràdite da Idrisi afferma che *"Altra misura approssimativa è la giornata di cammino la quale ha lunghezze diverse, cioè la piccola=18-22 miglia, l'ordinaria o media=23-25 miglia e la grande=30-36 miglia"*[49], si può dedurre una distanza compresa tra le 82 e le 94 miglia, cifra non dissimile da quelle precedentemente calcolate.

Ricapitolando ciò che abbiamo detto riguardo il tratto da Catania ad Agrigento, la distanza totale tràdita dall'*Itinerarium* è di 90 miglia, ovvero ca. 133 km, misura abbastanza simile alla distanza in linea d'aria tra i due centri, che è di 132 km, mentre invece una approssimazione della distanza minima reale, calcolata tenendo conto delle elevazioni e seguendo un percorso plausibile rispetto all'ipotetica via romana, ci dà una misura di ca. 138/140 km.

Bisogna anche tenere conto, nei calcoli dei percorsi, la variabile legata al fatto che non abbiamo contezza dei punti di partenza e di arrivo sui quali il computo fu effettuato in antico, ovvero se dal centro delle città o più verosimilmente dall'ingresso alle stesse. Fin qui le distanze nel loro complesso quadrano. Ciò che non quadra all'interno di questo tratto sono le distanze tra le tappe citate nell'*Itinerarium*.

Non conosciamo l'esatta ubicazione delle tappe intermedie del percorso se non per il sito di C.da Sofiana (nel territorio di Mazzarino, CL) che, come vedremo, è assai probabile sia la *Mansio Philosophiana* dell'*Itinerarium*. La distanza tra Sofiana e Agrigento nell'*Itinerarium* è di 46 miglia ovvero ca. 68 km nel percorso *a Catina Agrigentum mansionibus nunc institutis* e 45 miglia ovvero ca. 66,5 km nel percorso *A*

---

[40] CALZOLARI 1996, p. 443
[41] *Plin.*, N. H., III, 87.
[42] *Str.*, VI, 2, 266.
[43] UGGERI 2004, pp. 120-121.
[44] PACE 1958, p. 464.
[45] RIZZITANO 1994, p. 67.
[46] UGGERI 2004, p. 31.
[47] *Str.*, VI, 2, 266.

[48] PACE 1958, p. 473.
[49] AMARI-SCHIAPARELLI 1883, p. XII. Qui non è chiaro se Amari utilizzi come riferimento quello che lui definisce miglio ordinario o arabo, di 1481 m, oppure il miglio siciliano in uso ai suoi tempi, di 1487 m. In ogni caso, la discrepanza tra le due misure, calcolata ad esempio su una distanza di 94 miglia, sarebbe di 564 m, scarto decisamente poco incisivo nel computo generale.

Traiecto Lylibeo, mentre la distanza reale si aggira attorno ai 63 km. Quest'ultimo tratto è in linea di massima coerente, in quanto mostra una discrepanza tra le distanze tràdite e le distanze reali facilmente giustificabile considerando percorsi diversi all'interno comunque di un'areale di strada privilegiato. La distanza tra *Philosophiana* e Catania nell'*Itinerarium* è invece di 45 miglia, (ca. 66,5 km), contro una distanza reale di ca. 75 km.

1.2.2. La *Tabula Peutingeriana*

La più antica rappresentazione grafica giuntaci, relativamente alla viabilità dell'isola, si trova nella mappa stradale nota come *Tabula Peutingeriana*, *itinerarium pictum* giunto sino a noi attraverso una copia del XII-XIII sec. d.C.[50], che si suppone derivata da un originale romano[51] (**fig.4**). La *Tabula* è costituita da 11 fogli – forse 12[52] – incollati su un rotolo di pergamena lungo 6,82 m e alto tra i 32 e i 34 cm, in cui è rappresentato l'intero Ecumene schiacciato nel senso dell'altezza in modo da rientrare nelle dimensioni ridotte del rotolo di pergamena. Per quanto riguarda la cronologia della *Tabula Peutingeriana* non vi sono certezze.

La presenza nella carta tanto di Pompei e della suddivisione in regioni dell'Italia augustea, quanto, ad esempio, di Costantinopoli e della basilica di S. Pietro a Roma, unite ad una serie di altre osservazioni, ne hanno fatto ipotizzare una cronologia finale al IV sec. d.C. ma a partire da una base di I sec. d.C.[53], o a cavallo tra la morte di Traiano e le riforme di Diocleziano[54].

Di recente è stata avanzata la controversa ipotesi che il prototipo della *Tabula* non sia una mappa tardoantica bensì carolingia, forse nata alla corte di Carlo Magno con intenti propagandistici[55].

La viabilità dell'isola nella *Tabula* è rappresentata da un numero inferiore di strade rispetto all'*Itinerarium Antonini*: vi troviamo infatti la Via Valeria[56] che da *Messana* conduce fino a *Lilybeo*, confrontabile – salvo la mancanza nella *Tabula* di *Parthenico* e *Hyccara* – con lo stesso tratto presente nell'*It. Ant.* 90,6 *Item a Lilybeo per maritima loca Tindaride usque* al quale va aggiunto il tratto *A Messana Tindaride* in *It. Ant.* 90.5; la Via Selinuntina[57] da *Lilybeo* a *Syracusis*, rappresentata nell'*It. Ant.* dal tratto *a Lilybaeo ad Aquas Labodes* (*It. Ant.* 88,8-89,2) e da quello introdotto dalla notazione *Item ab Agrigento per maritima loca ad Syracusis* (*It. Ant.* 95,2-96,4); vi è poi la via interna Da *Catina* a *Thermis* che corrisponde ad *It. Ant.* 93,2 *Item a Thermis Catina*.

Manca invece nella *Tabula* la via che interessa la presente ricerca, così come la maggior parte del percorso *A Traiecto Lilybaeo*, seguibile solo nel suo tratto finale da *Agrigento* a *Lilybaeo* (vedi TAB. I), sebbene, citando Dilke:

> "*A question that emerges is the extent to which we can argue from silence: Does the absence of an important road on the Peutinger map suggest that the mapmaker, perhaps of the fourth century A.D., was relying for less familiar areas on an earlier map, of the first or second century, made before such a road was built?*"[58]

In realtà l'incompletezza della *tabula* rispetto all'*Itinerarium* potrebbe essere dovuta alle finalità stesse della mappa, la quale forse non doveva essere un documento ufficiale del governo ma una mappa ad uso privato[59].

1.2.3. Altre fonti itinerarie

La *Cosmographia* dell'Anonimo Ravennate[60] è un'opera databile a cavallo tra il 670 ed il 700 d.C.[61] ma che sembra attingere ad almeno due *itineraria* della metà del IV sec. d.C.[62] sebbene nella sua descrizione l'autore non riporti mai le distanze tra le località nominate. La Sicilia è trattata nel capitolo 23 del V libro, dove l'elencazione di una serie di località sembra ricalcare dei percorsi effettivi, come ad esempio un tratto della via Selinuntina. Manca purtroppo qualunque aggancio alla via Catania-Agrigento, così come anche nella *Geographia* di Guidone[63], opera databile tra il 1115 ed il 1118/19 d.C.[64] e nella quale è confluita una redazione più completa, rispetto a quella pervenutaci, della *Cosmographia* dell'Anonimo Ravennate.

---

[50] DILKE, 1987, p. 238.
[51] Per una storia della *Tabula Peutingeriana* e per una rilettura della stessa e della sua funzione, cfr. TALBERT 2010.
[52] Il foglio mancante doveva forse rappresentare *Britannia*, *Hispania* e *Mauretania*, come nella ricostruzione di K. Miller (MILLER 1916). Per una revisione critica della suddetta ricostruzione cfr. TALBERT 2007.
[53] Cfr. DILKE 1987, p. 238-39; UGGERI 2004, p. 41.
[54] ARNAUD 1988.
[55] Vedi ALBU 2005 e ALBU 2014.
[56] UGGERI 2004, pp. 117-162.
[57] *Ivi*, pp. 163-198.
[58] DILKE 1987.
[59] ARNAUD 1988; CORSI 2000 p. 63. Per l'ipotesi che vuole la *Tabula* un documento legato al *cursus publicus* cfr. ad es. LEVI 1967 e BOSIO 1983.
[60] SCHNETZ 1942.
[61] UGGERI 2004, p. 56.
[62] *Ibidem*.
[63] SCHNET 1942; CAMPOPIANO 2008.
[64] UGGERI 2004, p. 68.

Metodologie di indagine

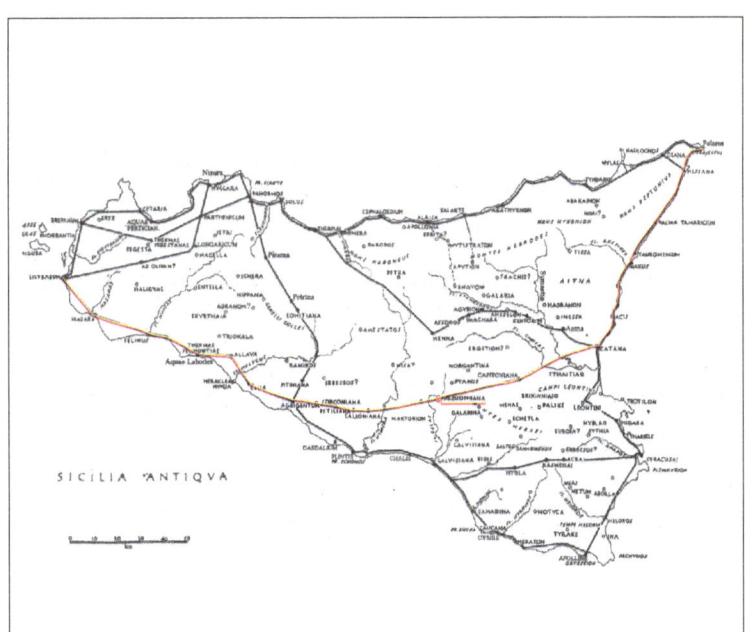

Fig.2: La viabilità romana di Sicilia. In rosso il sito di Sofiana e il percorso A Traiecto Lilybeo
(da UGGERI *1997-1998. Immagine mod. da M. Sfacteria).*

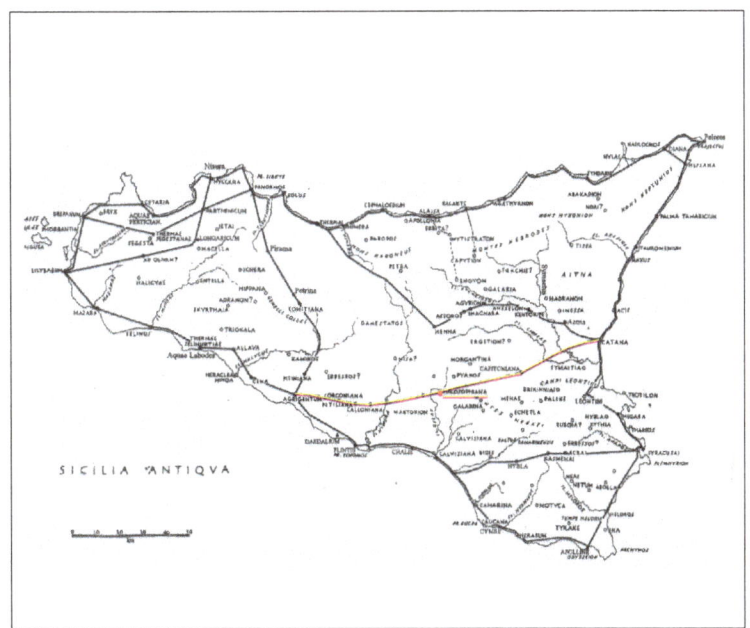

Fig.3: La viabilità romana di Sicilia. In rosso il sito di Sofiana e il percorso a Catina Agrigentum mansionibus nunc institutis
(da UGGERI *1997-1998. Immagine mod. da M. Sfacteria).*

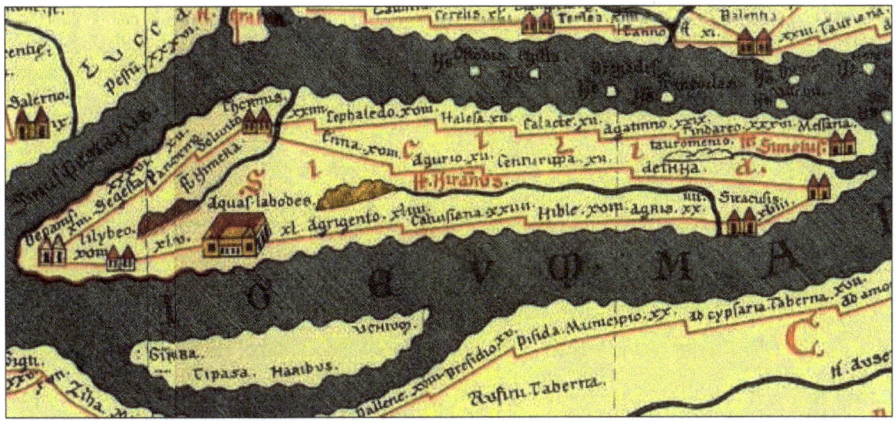

Fig.4: La Sicilia nella litografia della Tabula Peutingeriana *di Miller (in K. Miller, die peutingersche tafel, 1888, Ravensburg, riprodotta su gentile concessione dell'Österreich Nationalbibliothek Map Department).*

1.3. Fonti cartografiche

Le rappresentazioni della Sicilia precedenti il XVIII sec. d.C. sono del tutto inutili ai fini della nostra ricerca, e anche nelle produzioni di quel secolo la maggior parte delle carte mostra un quasi totale disinteresse nei confronti dell'interno dell'isola.

Nella carta della Sicilia stampata nel 1714 dal geografo ennese Antonio Daidone (1662-1724), il quale pur dovette conoscere quelle zone, vediamo ad esempio come i territori di Mazzarino, Barrafranca, Sommatino e Delia siano rappresentati pressoché privi di caratterizzazione, e solo Canicattì e Castrofilippo presentano una qualche traccia di viabilità di collegamento con la costa. Gli unici collegamenti riguardanti l'area in questione sono quelli legati alla viabilità NS da Palermo a Noto passando per Enna, Piazza Armerina e Caltagirone. Anche la *Carte de l'Isle et Royaume de Sicile* del cartografo francese Guillame Delisle (1675-1726), redatta nel 1717 in scala 1:600.000, mostra gli stessi limiti della precedente riguardo la viabilità della Sicilia centrale.

Diverso è il caso della carta della Sicilia rilevata a vista tra il 1719 ed il 1720 dall'ingegnere Samuel Von Schmettau (1684-1751) e da un gruppo del servizio topografico dell'esercito austriaco[65]. La carta, redatta inizialmente in due copie a scala 80.000, composte l'una da 28 e l'altra da 30 fogli[66], viene negli anni seguenti riprodotta in formato ridotto[67].

La carta del Von Schmettau si è rivelata strumento prezioso per la presente ricerca, in quanto in essa vengono rappresentate la strada che attraversa la piana di Catania – il cui percorso sarà poi in parte ricalcato dalle trazzere 362 ed in parte 477 – e la strada che da Delia si dirige verso Agrigento passando per Canicattì, Castrofilippo e Favara, secondo il percorso delle trazzere 454, 399 e 395.

La possibilità di acquisire la carta del Von Schmettau in file KMZ, georeferenziato tramite *Georeferencer*[68], e di osservarla quindi sovrapposta al DEM di Google Earth, consente di apprezzare la precisione – si badi bene commisurata alla scala e all'epoca – soprattutto dei rilievi (**fig.5**), con la conseguente possibilità di apprezzare il rapporto tra questi e i tracciati viari.

Altra fonte particolarmente utile è quella della raccolta di mappe del Catasto Borbonico di Sicilia dell'Archivio Mortillaro di Villarena[69]. Si tratta di 427 carte – per lo più mappe catastali di territori comunali e piante di centri urbani – prodotte tra il 1837 ed il 1853 le quali, sebbene presentino una notevole eterogeneità qualitativa e tecnica, rappresentano comunque uno strumento validissimo per apprezzare continuità e discontinuità di tracciati viari, toponimi, proprietà fondiarie ecc. Oltre alle mappe catastali fanno parte della collezione due carte che forniscono utili informazioni circa la viabilità nell'epoca: "*La situazione coroidrografica doganale statistica della Sicilia*" del 1843, redatta dal Tenente d'Ordine Francesco Arancio, e la "*Carta degli Itinerari disegnata e incisa dall'Officio Topografico di Napoli*", in scala 500.000, datata 1823.

Riguardo il territorio di Mazzarino (CL), ove ricade il sito di Sofiana, ci si è avvalsi anche della *Pianta topografica del territorio di Mazzarino* dell'architetto Ignazio Margani, redatta nel 1829 e conservata presso l'archivio di Stato di Palermo. Questa carta risulta interessante soprattutto perché riporta le trazzere principali e la suddivisione dei territori del Comune con riferimento agli ex feudi, tra cui quello di Sofiana. Riguardo quest'ultimo, è chiaramente rappresentato a sud del fiume Nociara, mentre a nord di questo il territorio è segnato semplicemente come *Nociara stato di Piazza*; il feudo di Sofiana d'altronde ricade dove, nella cartografia IGM del XIX sec., compare il toponimo *Soffiana*. Volendo dare fede allo storico di Piazza Armerina G.P. Chiarandà[70], vissuto nel XVII sec., vi sarebbe stato, fino al 1470, un *Casale Sofiana*, ad una distanza di 3 miglia da Piazza Armerina verso Libeccio, dunque ca. 6 km verso sud-ovest, ovvero nei pressi di Torre di Pietro, almeno 2 km a nord del Nociara. Alla luce dell'analisi incrociata del dato cartografico e del dato letterario, potremmo leggere indirettamente una informazione circa un ridimensionamento verso sud dell'ex feudo, il quale prima doveva estendersi anche a nord del Nociara.

Per quanto riguarda l'analisi della rete trazzerale è risultato imprescindibile lo studio della cartografia dell'Ufficio Tecnico Speciale per le Trazzere di Sicilia. Le trazzere sono in linea di massima il corrispettivo siciliano dei tratturi, ovvero piste armentizie formatesi naturalmente per via del passaggio del bestiame lungo un tragitto favorito, sebbene si tenda ad utilizzare i termini tratturo/trazzera anche per vie di transumanza non nate in maniera spontanea, bensì sfruttando una viabilità precedente, possibilmente in un momento in cui la funzione di collegamento tra insediamenti era decaduta.
È prova di ciò, ad esempio, lo sfruttamento in età medievale di piste armentizie ricalcate sulla decaduta viabilità romana[71].

L'Ufficio Tecnico Speciale per le Trazzere di Sicilia, con sede a Palermo, è stato istituito con l'Unità d'Italia e fino al 1960 si è occupato di segnare le trazzere di Sicilia su

---

[65] DUFOUR 1995; SANTAGATI 2006.
[66] VALERIO 2014, p. 69.
[67] La riproduzione utilizzata ai fini della presente ricerca è quella in scala 320.000, curata dallo Schmettau nel 1721. La carta georeferenziata è visualizzabile online presso la *Moll's Map collection* della Moravian Library, all'indirizzo http://mapy.mzk.cz/.
[68] Georeferencer (http://www.georeferencer.com) è un *tool* della compagnia svizzera Klokan Technologies GmbH, il quale permette di georeferenziare velocemente e direttamente *online* qualunque tipo di carta.
[69] Le mappe, oggi consultabili online come spiegato nel paragrafo III.7, erano state precedentemente pubblicate, insieme ad un interessante apparato critico, in CARUSO NOBILI 2001.
[70] Vedi AMICO 1858, p. 494.
[71] PATITUCCI UGGERI 2000, pp. 22-24.

carte catastali, riportando poi il percorso su carte in scala 1:25.000 e 1:100.000[72]. Per il presente studio sono state analizzate le suddette carte con relativa documentazione scritta ed è stata inoltre georeferenziata ed utilizzata in ambiente GIS la carta delle trazzere in scala 1:100.000. La carta mostra una certa imprecisione nella sua realizzazione, ma è stato possibile comunque ridurne l'errore medio fino ad ottenere uno scarto costante di ca. 2 km verso NE tra le località rappresentate sulla stessa e quelle rappresentate sulla cartografia IGM georeferenziata. Ciononidimeno il confronto incrociato con la cartografia IGM, le ortofoto, le immagini satellitari e i dati ricavati sul terreno, hanno permesso di utilizzare tale carta con un certo grado di affidabilità.

Per quanto riguarda la cartografia IGM è stata consultata la Carta Topografica d'Italia in scala 1:50.000 acquisita tra 1850 ed il 1868 dall' Ufficio Tecnico del Corpo di Stato Maggiore dell'Esercito Italiano, divenuto nel 1872 Istituto Topografico Militare e nel 1882, appunto, Istituto Geografico Militare. Le carte seguono di pochi anni quelle del Catasto Borbonico e permettono un confronto incrociato con le stesse.

Sono state altresì utilizzate le carte IGM 250.000, 100.000 e 25.000, sulle quali è stato possibile lavorare in ambiente GIS tramite servizio WMS del Geoportale Nazionale del Ministero dell'ambiente e della tutela del territorio e del mare.

Particolarmente utile è risultata la cartografia prodotta dall'*Army Map Service*, agenzia che produsse cartografia per l'esercito statunitense tra il 1941 ed il 1968[73]. La cartografia riguardante l'Italia, prodotta tra il 1941 ed il 1944, è costituita da una serie di carte in scala 10.000, 25.000, 50.000, 100.000 e 250.000. La maggior parte delle carte è costituita da una sovrapposizione di più levate IGM, aggiornate ulteriormente a partire da foto aeree. Ad esempio: la carta di Mazzarino in scala 50.000 è stata acquisita a partire dal F. 272 della carta a 50.000 del 1885, aggiornata sulla base del F. 272 della carta a 100.000 del 1932, con le principali vie di comunicazione riviste e aggiornate nel 1940 attraverso foto aeree.

Se da un lato in una carta composta di questo tipo non è facile distinguere a quale periodo si rifaccia un determinato percorso, dall'altro la funzione stessa delle carte, di carattere militare, fa sì che la viabilità ricevesse una particolare attenzione da parte dei cartografi.

Un'altra fonte cartografica utilizzata è stata la Carta Tecnica Regionale 2007-2008 in scala 10.000, acquisita in formato *shapefile* tramite servizio WMS del SITR (Sistema Informativo Territoriale Regionale) della Regione Sicilia.

La CTR è stata utilizzata soprattutto per impostare le attività di ricognizione, per le informazioni legate alle varie tipologie di strade e sentieri, e per dirimere dubbi legati all'interpretazione di elementi individuati tramite foto aerea.

Utili, benché in alcune loro parti incomplete, sono le carte del Piano Territoriale Paesistico Regionale, dalle quali sono stati ricavati i tematismi in formato *shapefile*. Nello specifico sono stati utilizzati:

- i tematismi relativi ai siti archeologici, suddivisi per categorie; questi danno un quadro parziale e non aggiornato della distribuzione dei siti nel territorio, ed inoltre spesso ad un sito non corrisponde una specifica descrizione, ma incrementando i dati con i risultati di ricognizioni e dell'edito è stato possibile impostare una carta archeologica efficace rispetto alle esigenze del progetto.

- i tematismi relativi alla viabilità storica e moderna. Le trazzere ed i sentieri sono in larga parte coerenti con i dati ricavabili dalla cartografia storica, ma sono spesso incompleti ed è difficile leggerli nella diacronia. Un esempio per tutti è il passo delle Carrozze tra Piazza Armerina e Sofiana: rappresentato nella cartografia di fine '800 come strada carrabile e quasi del tutto scomparso nella cartografia posteriore, nel tematismo specifico presenta uno sviluppo che sembra un abbozzo del percorso originario, il che risulta incomprensibile visto che la cartografia storica presente nella Carta del Piano Territoriale Paesistico Regionale è stata ricostruita esclusivamente sulle carte in scala 50.000 degli anni dal 1865 al 1885.

- tematismi dei corsi d'acqua e delle sorgenti, utilizzati soprattutto per la produzione di *cost surface analyses*.

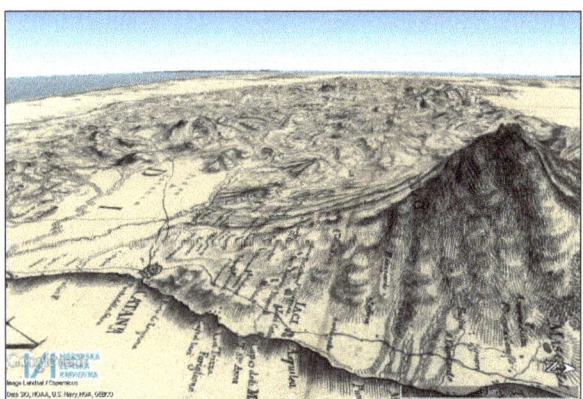

Fig.5: Il profilo orografico della Sicilia centrale nella visualizzazione 3D della carta del Von Schmettau.

---

[72] SANTAGATI 2006, p. 23.
[73] Le carte dell'*Army Map Service* sono reperibili *online* nella pagina della *Perry-Castañeda Library Map Collection* dell'Università del Texas.

1.4 Fonti toponomastiche

La toponomastica è un utile strumento per qualunque progetto che miri alla ricostruzione storica delle dinamiche insediative e delle fasi di una compagine territoriale. Le informazioni dirette che un toponimo può fornirci possono essere ad esempio di carattere cronologico o inerenti la destinazione d'uso di un'area o di una infrastruttura in essa giacente. Esempi tipici del primo caso sono i toponimi di origine prediale, caratterizzati dal suffisso *-anum -ana*, originatisi soprattutto, almeno per quanto riguarda la Sicilia, in età romana imperiale o tardoantica[74].

Esempi del secondo caso sono i toponimi quali *iazzo* (derivato probabilmente da *iacium*), che sta ad indicare un recinto in zona di pascolo, o *fastucheria* (da *fustuq*, pistacchio in arabo), che indica la presenza (o il ricordo) di una coltivazione di pistacchio.

I toponimi possono pure dare informazioni relative a elementi del paesaggio come la presenza di zone soggette a impaludamento: esempi calzanti sono toponimi come *pantano*, oppure *margiu* derivante dall'arabo *marg* e indicante un terreno particolarmente imbibito di acqua.

Per l'analisi dei toponimi nel presente progetto sono stati utilizzati come fonte principale i toponimi IGM 2011, visualizzati sul GIS del progetto utilizzando il servizio WMS del Geoportale Nazionale e confrontati di volta in volta con la cartografia storica.

Sono stati così individuati 332 toponimi di interesse, all'interno dell'area di rispetto del progetto, per i quali è stato creato uno *shapefile* puntuale al quale sono state associati i seguenti attributi: *Nome, Comune, Provincia, Significato, Affidabilità*.

Tra i toponimi individuati sono ben pochi quelli che possono dare informazioni cronologiche, tantomeno relativamente alla presenza di viabilità, sebbene vi siano, come già sottolineato da Uggeri[75], tutta una serie di toponimi che possono dare utili informazioni se associati ad altri elementi; va tenuta infatti in debito conto l'insidia di attribuire un determinato significato ad un toponimo senza analizzarne il contesto territoriale e storico[76].

Nella trattazione dei toponimi presenti in questo paragrafo è stato volontariamente omesso il riferimento geografico: spesso lo stesso toponimo compare in molte località diverse ed è più agevole, trattandosi per lo più di toponimi IGM, effettuare una ricerca sullo specifico tematismo nel visualizzatore cartografico del Geoportale Nazionale del MATM[77]. Nel caso di toponimi acquisiti da altre fonti, queste sono specificate di volta in volta nel testo.

La maggior parte dei toponimi individuati non ha avuto un ruolo diretto nella ricostruzione del percorso oggetto di questo lavoro, ma ciononondimeno, come precedentemente detto, essi rappresentano un ulteriore strato informativo che acquista valore storico se letto nel contesto del paesaggio nel quale si è formato.

Si presenta qui un breve elenco nel quale sono stati inseriti alcuni dei toponimi per i quali è possibile ipotizzare una associazione con una qualche forma di viabilità o di insediamento antico a questa legato.

I toponimi che ricadono nell'area di strada oggetto del presente lavoro sono ripresi e, quando necessario, approfonditi nel capitolo V.

1.4.1. Elenco dei toponimi

Aquilata = Località 3 km ca. a NO di Vito Soldano. Caracausi lo mette in relazione con il cognome *Aquila*[78], la cui maggiore diffusione si attesta effettivamente in Sicilia soprattutto a Messina, Ragusa e Palermo.

Tenendo conto però che il toponimo *Aquilata* si trova in una località ricca di sorgenti – come suggerisce la presenza, entro la distanza massima di 3 km, di toponimi come *Acqua della Menta, Sorgente Canalotto, Abbeveratoio Cometi, Abbeveratoio del Pantano, Acqua di Grotta Affumata* ecc. – è forte la suggestione di leggervi una derivazione dal latino *aqua lata*[79].

Balata, Balate, Balatella, Balatelle, Balatelli o **Balatazza** = Si tratta di forme derivanti dal siciliano *bbalata* ovvero un affioramento o parete rocciosa, che sembrerebbe derivare da *ar. Balāt (ah)* ovvero lastricato[80]. Il toponimo in alcune circostanze sembrerebbe invece indicare grosse lastre di copertura di tombe[81].

Cantarella = Probabile diminutivo di *càntara*, da *qantarah*, ovvero *ponte* in arabo, così come i toponimi *Alcantara, cantra, càntera* ecc.[82]

Cantaro = Caracausi fa derivare il toponimo da *càntaro*, ovvero vaso da notte, che a sua volta deriva da *kantharos*[83]. In alcune circostanze potrebbe riferirsi alla presenza di un ponte (vedi *cantarella*), come nel caso, riportato da Uggeri[84], di un ponte ormai scomparso che attraversava il fiume Mazaro presso il Lago del Cantaro.

---

[74] Facella 2003.
[75] Uggeri 2004, p. 77.
[76] Ad es. si veda *infra* il caso del toponimo *trigona*.
[77] Ministero dell'Ambiente e della Tutela del Territorio e del Mare. Il visualizzatore è consultabile alla pagina http://www.pcn.minambiente.it/viewer/. Da qui sarà sufficiente selezionare "Toponimi IGM" dal menù in basso e poi effettuare il comando "Ricerca su Attributi" dal menù "Strumenti".
[78] Caracausi 1994, p. 63.

[79] Si pensi ad esempio alla città di Igualada in Catalogna, originariamente *Aqualata*, ad indicare il punto in cui il fiume Anoia si espande. Circa i toponimi derivati dall'aggettivo *latu*, quali ad esempio *Fontilata* o *Pietralata*, vedi Pellegrini 1990, p. 247.
[80] Caracausi 1994, pp. 103-104; Uggeri 2004, p. 77.
[81] Adamesteanu 1962, p. 85.
[82] Caracausi 1994, p. 281.
[83] *Ibidem*.
[84] Uggeri 2004, p. 164.

Cantella = Probabile contrazione di *Cantarella* (vedi sopra).

Catena = Toponimo diffuso in tutta Italia. Almeno in alcuni casi può essere ricollegato al ricordo dello sbarramento di una strada che avveniva, appunto, con una catena.

Mastra, la Mastra = Toponimo che può essere messo in relazione con la presenza di una strada, sottintendendo *rua*, *ruga* o *strata*[85], come è il caso della *mastra rua* di Siracusa, secondo un uso diffuso nel medioevo[86]. Va tenuto in conto naturalmente che il termine *mastra* può essere associato ad altri termini come nel caso di *saia mastra*, che indica un condotto per portare acqua nei campi[87] ed è presente come toponimo vicino Catania.

Paterno, Paterni = toponimo che si tende a fare discendere dal romano *(fundus) paternus*, ovvero terreno ereditato dal padre[88].

Perni, Li Perni = Da "perna" ovvero "perla" in dialetto siciliano e meridionale in genere, direttamente derivato dal latino *perna*[89]. Si può ipotizzare anche una derivazione da *paternus*, come si suppone per il toponimo "perno"[90]. In c.da Perni presso Mazzarino sarebbe stato trovato, casualmente, un cippo miliare con iscrizione *Septimius Severus Pontifex Maximus*, oggi scomparso[91].

Perno = Potrebbe essere contrazione del prediale *paternus*. Vedi *Paterno/Paterni* e *Perni/Li Perni*.

Pilieri = C.da nei pressi di Mazzarino. Forse forma dialettale singolare o italiano plurale di *pilière*, ovvero pilastro, struttura architettonica di sostegno, semicolonna, sebbene in dialetto sarebbe più corretto *pileri*.

Purgatorio, c.da, piano del = Toponimo che Uggeri[92] suggerisce derivare da *praetorium*, termine che in età tardoantica viene a definire i luoghi di sosta ufficiali atti anche ad ospitare l'imperatore[93]. Nella classificazione da lui proposta[94] il toponimo *Purgatorio* è riportato, insieme a *Paradiso* ed *Inferno*, come esempio di paretimologia popolare siciliana. In realtà lo stesso autore ammette la difficoltà di tale lettura del toponimo, in virtù della presenza nella regione del culto delle Anime Sante del Purgatorio[95]. Si aggiunga d'altronde che il toponimo *Inferno* è attestato in Italia 340 volte, il toponimo *Paradiso* 452 volte, mentre *purgatorio* ha 118 attestazioni. Viene da sé che isolare i casi che possono avere avuto una connotazione semantica diversa da quella prettamente religiosa diventa pressoché impossibile non disponendo di altri dati oggettivi quali, *in primis*, evidenze archeologiche[96].

Strazza = Località posta ca. 1 km a NE di Riesi (CL). Si tratta dell'unica attestazione di questo toponimo in Sicilia e si potrebbe avanzare l'ipotesi che si tratti di una contrazione del peggiorativo *stradazza* o *stratazza*, ad indicare una strada in cattivo stato[97].

Tenutella = Diminutivo di *tenuta*, ovvero piccolo possedimento terriero. Secondo Adamesteanu[98] il toponimo *Tenutella* – molto diffuso in Sicilia sia in dialetto[99] che in italiano – indica spesso il luogo dove sorgevano *villae rusticae*. Questo potrebbe trovare conferma, ad esempio, nel ritrovamento presso Tenutella Rina (nei pressi di Gela), di tegoli con bollo *CALVI* e *SIRE*[100], o ancora nella presenza di una villa rustica presso Favarotta/Tenuta Grande[101]; in quest'ultimo caso, oltre al toponimo Favarotta, il quale indica la presenza di una fonte, troviamo per l'appunto *Tenuta Grande* e ca. 4 km più a NO appare il toponimo *Tenutella*.

Trigona = Toponimo presente soprattutto in Sicilia orientale. Il termine è attestato, nel caso della Trigona di Cittadella (Noto, SR), datata al V-VI sec. d.C.[102], in riferimento ad un edificio a pianta trilobata. Quando compare come toponimo è difficile stabilire se sia riferito a resti di edifici o alla famiglia nobile siciliana dei Trigona. Va sottolineato come il toponimo Trigona sia attestato esattamente dove sorge la basilica paleocristiana di Sofiana, ma anche ca. 6 km ad est di questa, 2 km a nord di S.Cono, cittadina fondata nel XVIII sec. d.C. da Ottavio Trigona Bellotti[103].

---

[85] UGGERI 2004, p. 257.
[86] CARACAUSI 1994, s.v. *mastra rua*.
[87] CARACAUSI 1983, p. 329.
[88] GASCA QUEIRAZZA et al. 2003, s.v. *paderna* e *paderno*; PELLEGRINI 1990, p. 252.
[89] CARACAUSI 1994, s.v. *perna*.
[90] Vedi ad es. FINAMORE 1991, p. 148.
[91] La notizia è riportata in LI GOTTI 1955, p. 247. L'autore asserisce che al suo tempo il manufatto era conservato presso la villa Alberti, ma purtroppo l'attuale proprietario non ne ha ricordo ed una serie di ricognizioni effettuate nell'area dallo scrivente sono risultate infruttuose.
[92] UGGERI 2004, p. 75.
[93] UGGERI 1995, pp. 140-143; CORSI 2000, pp. 51-52.
[94] UGGERI 2000, pp. 130-131.
[95] UGGERI 2004, p. 75.
[96] Cfr. TOSCO 2009 p. 56, dove è riportato l'esempio delle tre frazioni di Isola Sant'Antonio (AL), ovvero *Inferno*, *Purgatorio* e *Paradiso*, che in questo caso starebbero ad indicare, dal maggiore al minore, i gradi di rischio – o, più genericamente, di difficoltà insediativa – legati alle esondazioni del Po.
[97] Affascinante, anche se meno verosimile, l'assonanza con *strâzza*, termine in lingua alto tedesca antica, riflessione del latino *strata* (cfr. GREEN 1998, p. 233).
[98] *Ivi* p. 87.
[99] CASTIGLIONE 2016, p. 469.
[100] PANVINI 2004, p. 39.
[101] BONACINI 2006; BONACINI 2010.
[102] Cfr. MARGANI 2005 pp. 29-51 e bibliografia precedente.
[103] ZITO 1985.

2. TELERILEVAMENTO E FOTOINTERPRETAZIONE

Le analisi delle immagini satellitari[104] e delle fotografie aeree[105] si sono mostrate di notevole importanza nella presente ricerca per una serie di motivi tra i quali la possibilità di effettuare una ricognizione indiretta delle caratteristiche geomorfologiche di un'area di rispetto troppo ampia per essere analizzata autopticamente nel suo insieme, oltre alla possibilità di individuare tracce ricollegabili direttamente o indirettamente alla presenza di tratti di viabilità scomparsi.

Sul GIS del progetto sono state importate, tramite servizi WMS, le ortofoto presenti sul Geoportale Nazionale e sul SITR della Regione Sicilia. Nello specifico:

- ortofoto digitali in bianco e nero acquisite nel periodo 1988-1989; alcune sono state acquisite negli anni 1990, 1992, 1993 e 2008.

- ortofoto digitali in bianco e nero acquisite nel periodo compreso tra il 1994 e il 1998.

- ortofoto digitali a colori acquisite nel 2006

- ortofoto digitali a colori AGEA periodo 2009-2012, con *pixel* di 50 centimetri, acquisite dall'Agenzia per le Erogazioni in Agricoltura.

Sono stati anche utilizzati i prodotti derivanti da scansione LiDAR su piattaforma aerea, acquisiti dal Ministero dell'Ambiente e della Tuela del Territorio e del Mare nell'ambito del Piano Straordinario di Telerilevamento Ambientale e del Progetto PON MIADRA. La copertura della Regione risulta parziale in quanto, in funzione del Progetto nell'ambito del quale è stata prodotta, sono stati interessati solo le coste ed i bacini fluviali.

Per quanto riguarda le immagini satellitari sono state utilizzate una serie di immagini pancromatiche e multispettrali gentilmente fornite dalla *DigitalGlobe Foundation*[106].

Di notevole utilità è stata la possibilità di scegliere, nell'ambito delle immagini del *database* della fondazione, quelle con la minore nuovolosità ed acquisite nelle finestre temporali migliori per l'osservazione delle possibili anomalie. Le immagini satellitari sono state di volta in volta processate[107], su Esri ArcGIS o sul software *open source* LEOWorks, tramite miglioramento del contrasto e con l'applicazione di una serie di filtri per migliorare la leggibilità di eventuali anomalie. Le immagini multispettrali sono state sottoposte a *pan-sharpening* (**fig.6**) e analizzate in *color composite* (**fig.7**) e NDVI (**fig.8**).

Particolarmente utile si è rivelato *Google Earth Pro*, non solo come strumento veloce e *user friendly* per analizzare la viabilità contemporanea (strade statali, provinciali, strade bianche, sentieri), seguirne agevolmente continuità e discontinuità ed individuare anomalie di vario genere, ma anche per effettuare ricognizioni indirette in 3D, vettorializzare ipotesi di percorso e visualizzarne in maniera speditiva i profili di elevazione.

Fig.6: A sinistra: immagine satellitare multispettrale in NIR color composite del sito di Sofiana. A destra: la stessa immagine sottoposta a Pan sharpening. (Immagini satellitari originali per gentile concessione della "DigitalGlobe Foundation". Elaborazione di M. Sfacteria.)

---

[104] Circa il *remote sensing* e l'analisi delle immagini satellitari la bibliografia è ormai molto ampia. Utile punto di riferimento è il lavoro di T. Lillesand, R.W. Kiefer e J. Chipman, giunto alla sua settima edizione (LILLESAND, KIEFER, CHIPMAN 2015). Riguardo l'applicazione del telerilevamento alla ricerca archeologica si vedano ad es. PARCAK 2009; CAMPANA, FORTE, LIUZZA 2010; in fase di stampa è infine FORTE, CAMPANA 2017.

[105] Per una panoramica d'insieme circa l'aerofotografia archeologica, oltre al sempre attuale PICARRETA CERAUDO 2000, si veda ad es.

MUSSON, PALMER, CAMPANA 2005. Per l'aplicazione della fotointerpretazione alla ricostruzione della viabilità si vedano ad es. il classico CHEVALLIER 1972 pp. 125-143 e CERAUDO 2008.

[106] *DigitalGlobe* è un'azienda leader nel settore delle immagini spaziali, che gestisce i satelliti WorldView-1, Worldview-2, Worldview-3, Worldview-4, GeoEye-1, IKONOS e Quickbird.

[107] Per una panoramica sulla elaborazione di immagini pancromatiche e multispettrali, si veda ad es. CAMPANA, PRANZINI 2001.

Metodologie di indagine

Fig.7: Immagine multispettrale NIR color composite. Traccia di viabilità e/o parcellizzazione a NE del sito di Sofiana (immagine satellitare originale per gentile concessione della "DigitalGlobe Foundation". Elaborazione di M. Sfacteria).

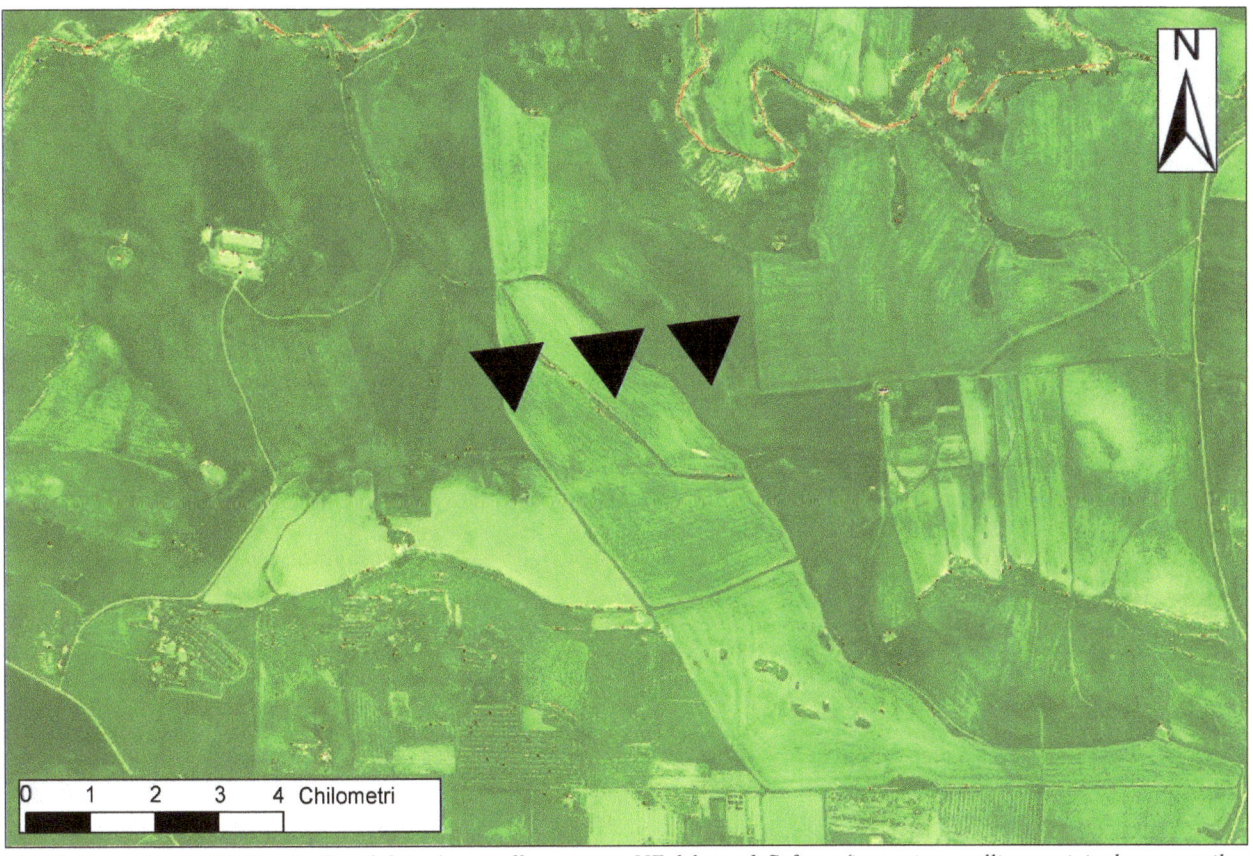

Fig.8: Immagine NDVI: traccia di viabilità e/o parcellizzazione a NE del sito di Sofiana (immagine satellitare originale per gentile concessione della "DigitalGlobe Foundation". Elaborazione di M. Sfacteria).

Un approccio integrato al problema della ricostruzione della viabilità romana in Sicilia

3. GIS E ANALISI SPAZIALI

La documentazione grafica del progetto è stata gestita interamente in ambiente GIS (**fig.9**). Nel corso del progetto sono stati utilizzati il software proprietario Esri ArcGIS ed il software *open source* QGIS.

Sulla piattaforma GIS sono stati caricati i seguenti layers in formato *raster*:

- cartografia moderna e storica (in molti casi è stata necessaria la georeferenziazione, come ad esempio per la cartografia borbonica e per la Carta delle Trazzere).

- ortofoto e immagini satellitari.

- mappe delle prospezioni geofisiche.

- ortofotopiani relativi agli scavi del *Philosophiana Project*[108] e del saggio di scavo effettuato nell'ambito di questo progetto.

Sono stati inoltre prodotti i seguenti shapefiles:

- tematismi acquisiti a partire dal Piano Tecnico Paesaggistico Regionale (siti archeologici, viabilità, idrogeologia, geomorfologia, vegetazione ecc.) in molti casi corretti e integrati dal sottoscritto (ad esempio per la mancanza di alcuni siti archeologici o per un non perfetto posizionamento degli *shapes* lineari relativi alla viabilità).

- *shapefile* lineare delle tracce, con le seguenti voci nella *attribute table*: fonte (ad es. LiDAR, magnetometria, ortofoto 2006 ecc.); tipologia (soil marks; anomalie; tracce di sopravvivenza ecc.); affidabilità (alta, media, bassa); interpretazione.

- *shapefile* puntuale per i toponimi di interesse.

- *shapefile* relativo alle località citate nel Libro di Ruggero di Idrisi, corredato dalle seguenti voci su *attribute table*: nome arabo; nome moderno; affidabilità attribuzione (certa, quasi certa, incerta).

- *shapefile* puntuale e poligonale delle unità topografiche con le seguenti voci su *attribute table*: numero; periodo; data; fase; interpretazione. Sono stati utilizzati i dati delle ricognizioni del *Philosophiana Project*, delle ricognizioni effettuate nel territorio tra Sofiana e Piazza Armerina dai colleghi della società cooperativa Pàropos[109], e delle ricognizioni effettuate dallo scrivente.

- *shapefiles* lineari e puntuali dei rilievi degli scavi del *Philosophiana Project* e del saggio di scavo effettuato nell'ambito di questo progetto.

Per quanto riguarda le analisi spaziali, sono state effettuate una serie di *cost weighted analyses* per stabilire il percorso più veloce ma allo stesso tempo più agevole tra Catania ed Agrigento, tenendo conto di una serie di variabili alle quali è stato assegnato di volta in volta un peso[110]. Nello specifico sono state considerate le variabili delle pendenze, dell'idrografia, delle sorgenti e del sito di Sofiana quale attrattore.

Per le pendenze è stato utilizzato il modello digitale di elevazione del territorio italiano con risoluzione a 10 m TINITALY DEM[111] (**fig.10**) mentre per quanto riguarda idrografia e fonti sono stati utilizzati i dati del Piano Territoriale Paesaggistico Regionale.

Le pendenze sono state riclassificate con le seguenti classi: 0, 2, 5, 10; 20, 35, 50; 70, 724 alle quali sono stati assegnati i seguenti valori: 3, 1, 1, 5, 10, 20, 50, 75, 100[112]. Per quanto riguarda le sorgenti sono stati creati dei *buffer* da 1500 e da 5000 metri, assegnando ai primi il massimo valore attrattivo con un peso di 0 ed ai secondi un valore attrattivo minore con un peso di 5. Per i corsi d'acqua è stato creato un *buffer* dell'estensione del letto del fiume e con un peso di 100. Infine per Sofiana è stato prodotto un *buffer* di 1500 metri con un peso di 0.

Il percorso ottenuto utilizzando elevazioni, fiumi e sorgenti, ha dato come risultato un percorso che da Catania si dirige verso Gela e poi prosegue fino ad Agrigento seguendo la linea di costa (**fig.11**).

I percorsi ottenuti escludendo i fiumi ed utilizzando solo i pesi dati a sorgenti e pendenze, o solo a queste ultime, hanno restituito un percorso che ricalca in maniera molto fedele – soprattutto per quanto riguarda il *least cost path* creato utilizzando solo il peso dato alle elevazioni – il percorso ricostruito dallo scrivente attraverso le altre fonti analizzate, con un'unica rilevante differenza, ovvero che i *least cost paths* non passano dal sito di Sofiana (**fig.12**).

Indipendentemente dall'utilizzo delle sorgenti quali attrattori, il percorso, circa 10 km prima di raggiungere Mirabella Imbaccari, devia verso NO dirigendosi verso Aidone e passando a nord di Piazza Armerina, seguendo tra l'altro una direttrice che ricalca in parte la strada per Piazza Armerina rappresentata nella carta del Von Schmettau ed in parte la trazzera 216 tra quest'ultima e Aidone.

---

[108] Lo scrivente è responsabile dal 2010 di tutta la documentazione grafica e fotografica del *Philosophiana Project*. A tal proposito si veda SFACTERIA 2016b, c.d.s.
[109] Ricognizioni effettuate nel 2012 nell'ambito del progetto di ricerca "La Villa del Casale e la Statio Philosophiana - Un SIT per la ricerca dell'antica viabilità" sotto la direzione del Dott. Sebastiano Muratore.
[110] Per alcuni casi di applicazione della *cost weighted analysis* alla viabilità antica in Italia si veda ad es. CITTER, ARNOLDUS-HUYZENDVELD 2011, o anche GREY et al. 2015 (con blibliografia precedente) in cui si pone l'accento sulla ricostruzione della viabilità minore legata allo sfruttamento della campagna. Consigliata anche la lettura di HERZOG 2014 (e relativa bibliografia) che presenta una rassegna di alcuni casi studio internazionali sottolineandone punti di forza e limiti.
[111] TARQUINI et al. 2007; TARQUINI et al. 2012.
[112] Ringrazio Andrea Patacchini dell'Università di Siena per i preziosi consigli circa le procedure ed i valori utilizzati.

Metodologie di indagine

Utilizzando Sofiana come attrattore ed abbassando il valore attrattivo delle fonti, il percorso creato tramite GIS ricalca quasi pedissequamente la ricostruzione del percorso effettuata dallo scrivente (**fig.13; fig.14**). In particolare, superata Sofiana il percorso più veloce è considerato quello di crinale che si sviluppa sul monte Alzacuda, il quale giunge poi nell'altopiano a nord del centro abitato di Mazzarino, in linea con una delle due ipotesi che verranno descritte nel capitolo V al paragrafo 2.

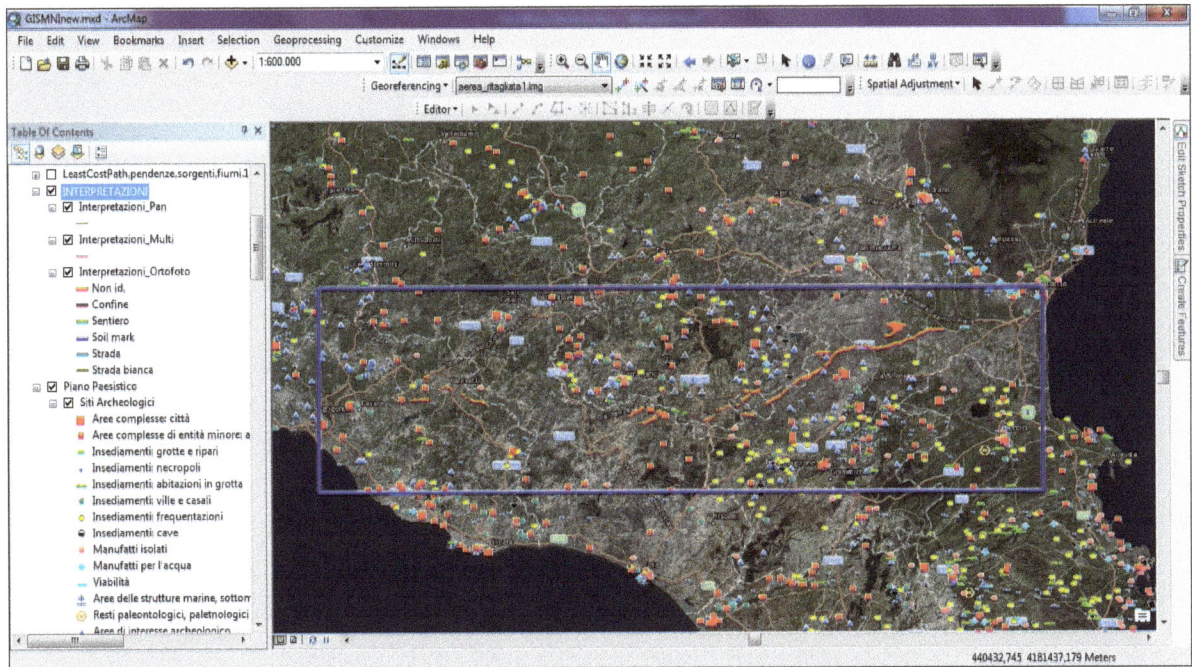

Fig.9: Esempio di schermata del GIS del progetto (base: immagine Esri, i-cubed, USDA, USGS, AEX, GeoEye, Getmapping, AeroGRID, IGN, IGP, UPR-EGP, and the GIS Community. Elaborazione di M. Sfacteria).

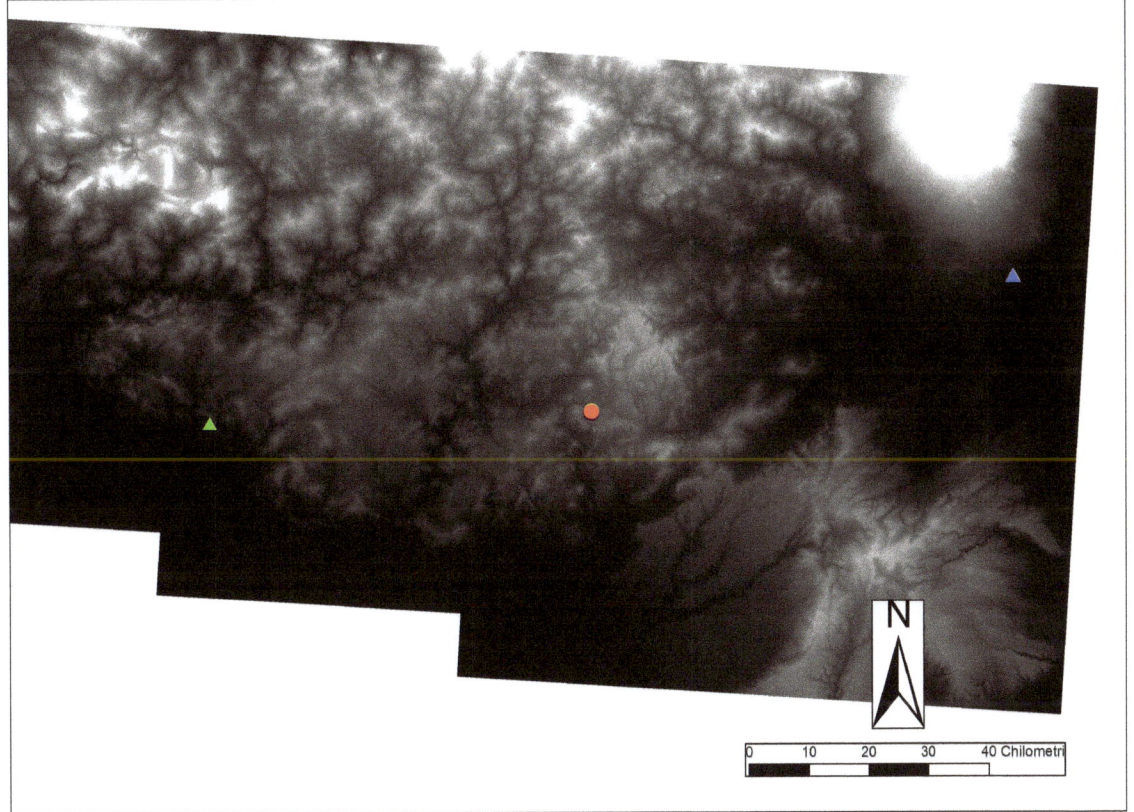

Fig.10: DEM TINITALY a 10 m In blu Catania, in verde Agrigento antica ed in rosso Sofiana (elaborazione di M. Sfacteria).

Un approccio integrato al problema della ricostruzione della viabilità romana in Sicilia

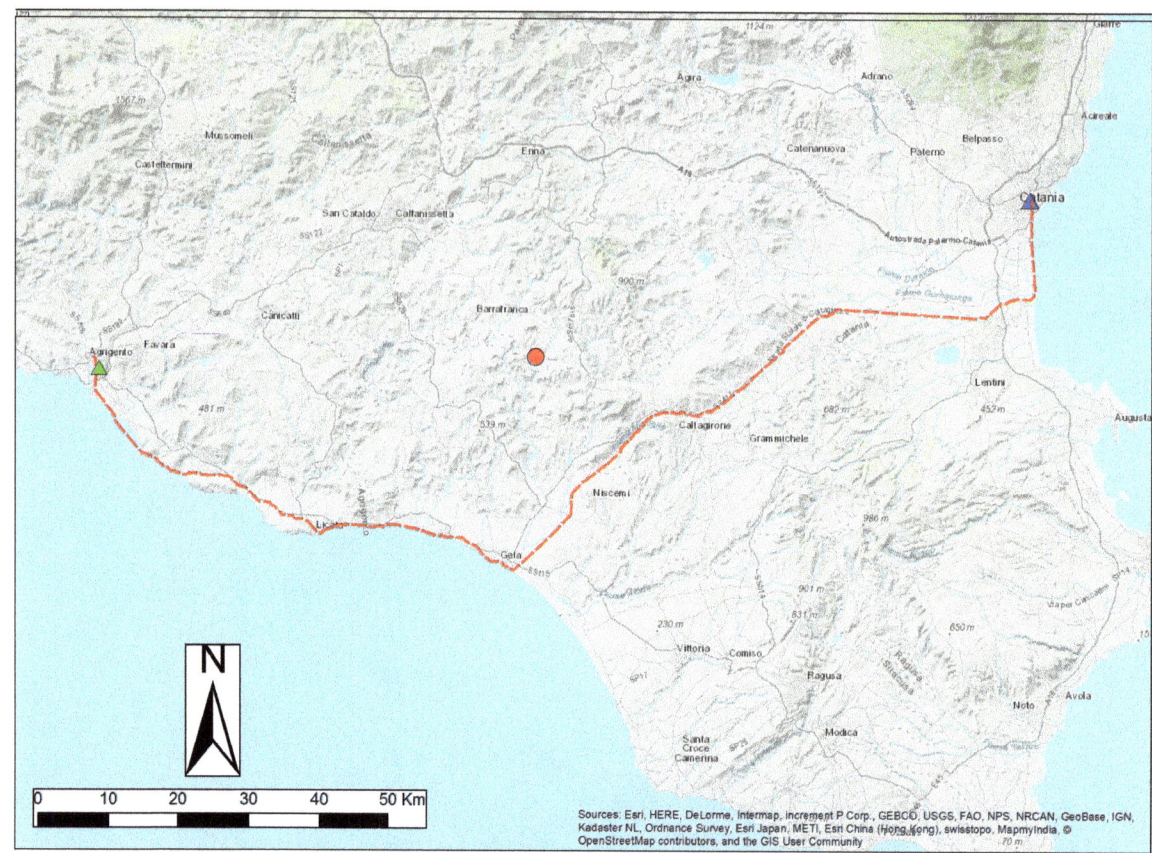

Fig.11: Least Cost Path pesato su sorgenti, fiumi e pendenze. In rosso il sito di Sofiana (elaborazione di M. Sfacteria).

Fig.12: Least Cost Path pesato su sorgenti e pendenze. In rosso il sito ri Sofiana (elaborazione di M. Sfacteria).

Metodologie di indagine

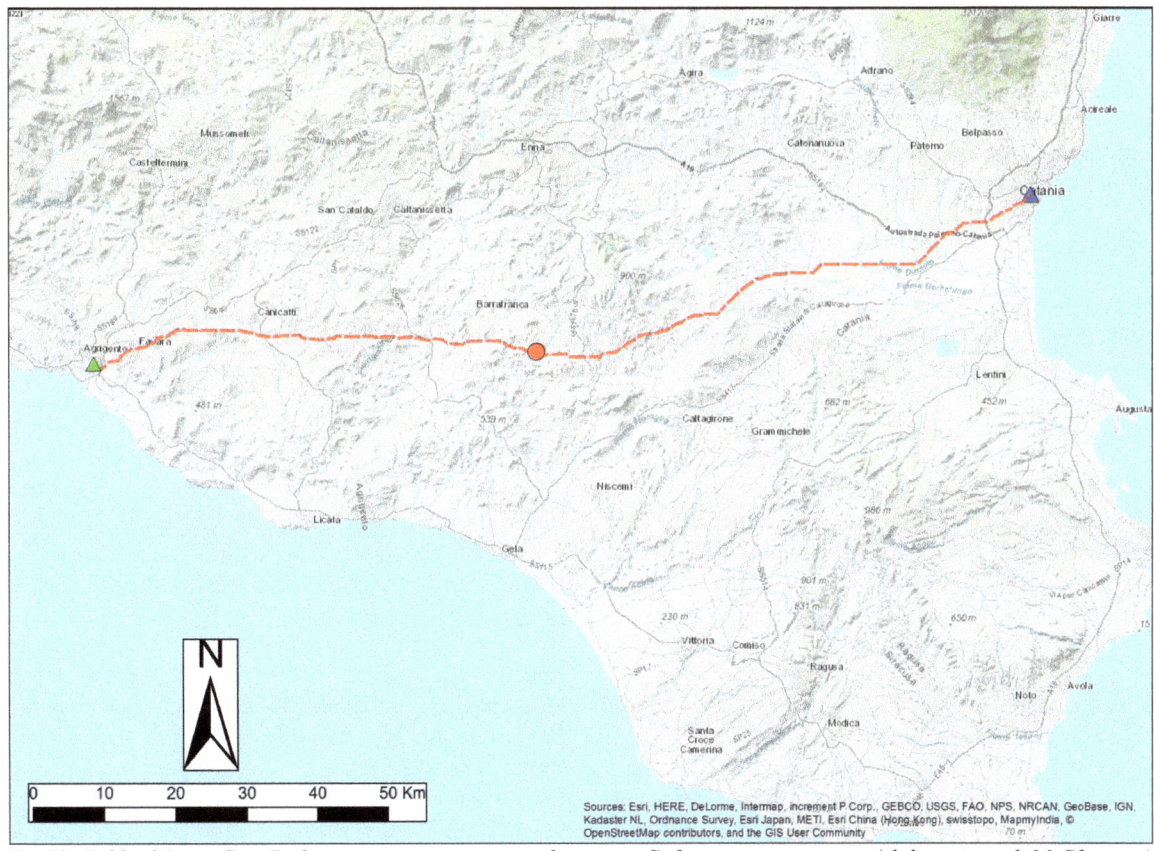

Fig.13: In blu il Least Cost Path pesato su sorgenti e pendenze, con Sofiana come attrattore (elaborazione di M. Sfacteria).

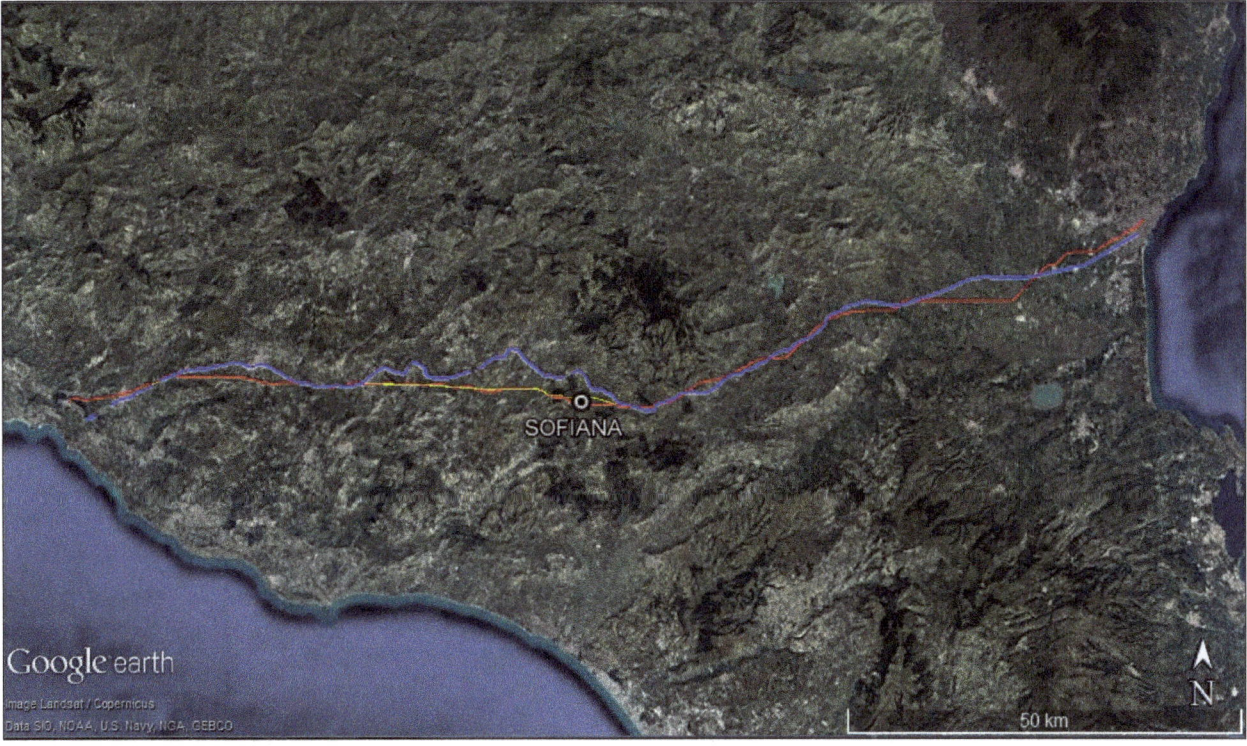

Fig.14: In rosso il Least Cost Path con Sofiana come attrattore, in blu ipotesi del tracciato ricostruito nel presente lavoro; in giallo ipotesi alternativa passante per monte Alzacuda.

4. RICOGNIZIONI DI SUPERFICIE

Le ricognizioni sistematiche sono state effettuate in località S. Salvatore (Mazzarino, CL) (vedi *infra* Cap. V, 2) nel periodo compreso tra il 14 ed il 17 settembre 2015 da una squadra di tre persone[113]. I ricognitori hanno percorso i campi mantenendo una distanza costante di 5 m e procedendo ognuno parallelamente all'altro; in presenza di concentrazione di materiale si è proceduto con la georeferenziazione dell'area massima di dispersione fittile tramite GPS palmare TRIMBLE GeoExplorer, sul quale era stata precedentemente inserita la base GIS del progetto.

La raccolta del materiale è stata non selettiva, ovvero si è raccolto il maggior numero di frammenti senza adottare la discriminante della diagnosticità. Per ogni unità topografica riconosciuta si è compilata una scheda UT sia in formato cartaceo che elettronico – sotto forma di *attribute table* degli shapefiles creati sul palmare –, con informazioni su posizione, visibilità, cronologia, concentrazione di reperti ed interpretazione.

In totale è stata indagata un'area di ca. 11,8 ha e sono state individuate 25 UT (**fig.15**; **fig.16**). Le UT 200, 201, 202 e 203 riguardano la chiesa di S. Salvatore, di VI-VII sec. d.C., e l'area circostante la stessa, che si può considerare prosecuzione del sito di C.da Minnelli, dal quale è separata solo da un crepaccio formatosi alcuni decenni fa in seguito ad opere di canalizzazione delle acque. La cronologia di queste UT è inquadrabile tra l'età medio-imperiale ed il XII sec. d.C. circa.

Particolarmente interessanti le UT dalla 204 alla 220, preliminarmente inquadrabili in un arco cronologico compreso per lo più tra l'VIII ed il XIII sec. d.C. e che sembrerebbero indicare la presenza di almeno dieci nuclei abitativi riconoscibili in base alle concentrazioni di pietrame, laterizi e altri frammenti fittili, insistenti su un basso pianoro di ca. 1,5 ha, oltre a tracce di frequentazione (forse altre abitazioni) nelle aree a nord e ad ovest del suddetto pianoro.

Al di là delle ricognizioni presso la località di S.Salvatore, la maggior parte delle ricognizioni effettuate ha avuto carattere non sistematico, in linea con gli obiettivi stessi del progetto.

Molta parte del tempo è stata dedicata al percorrere le strade extraurbane principali e secondarie che ricadono nell'area d'indagine, soprattutto al fine di avere una idea circa la plausibilità della continuità d'uso dei percorsi in esame. Si è anche cercato di volta in volta di raggiungere i punti più elevati dai quali potere avere una visione d'insieme del territorio (**fig.17**).

Sono stati effettuati una serie di sopralluoghi mirati nelle aree di interesse archeologico che ricadono nell'area di strada ipotizzata. Nell'area di Sofiana sono stati percorsi una serie di sentieri al fine di capire quali fossero le direttrici più plausibili. A tal fine si è proceduto a percorrere a piedi i sentieri presenti ad ovest del sito, sul monte Alzacuda (**fig.18**) e, dal lato opposto, quelli che da Sofiana si dirigono verso est (**fig.19**), così come parte del sentiero che da Sofiana in direzione SO conduce a Mazzarino, come ancora visibile nella cartografia storica IGM 50.000 del 1885.

È stata inoltre ricognita parte del corso del fiume Nociara, per ca. 3 km, sia in destra che in sinistra idrografica, al fine di individuare possibili tracce di ponti o guadi (**fig.20**).

Durante le ricognizioni si è fatto uso di una serie di Apps gratuite come ad esempio la bussola *Smart Compass* e i trackers GPS *My Tracks* e *Geo Tracker* con i quali sono stati acquisiti i percorsi, riversati successivamente su *Google Earth Pro* come files *.kmz*.

---

[113] Il sottoscritto coadiuvato dalle colleghe Elisa Rizzo e Giusi Salvo.

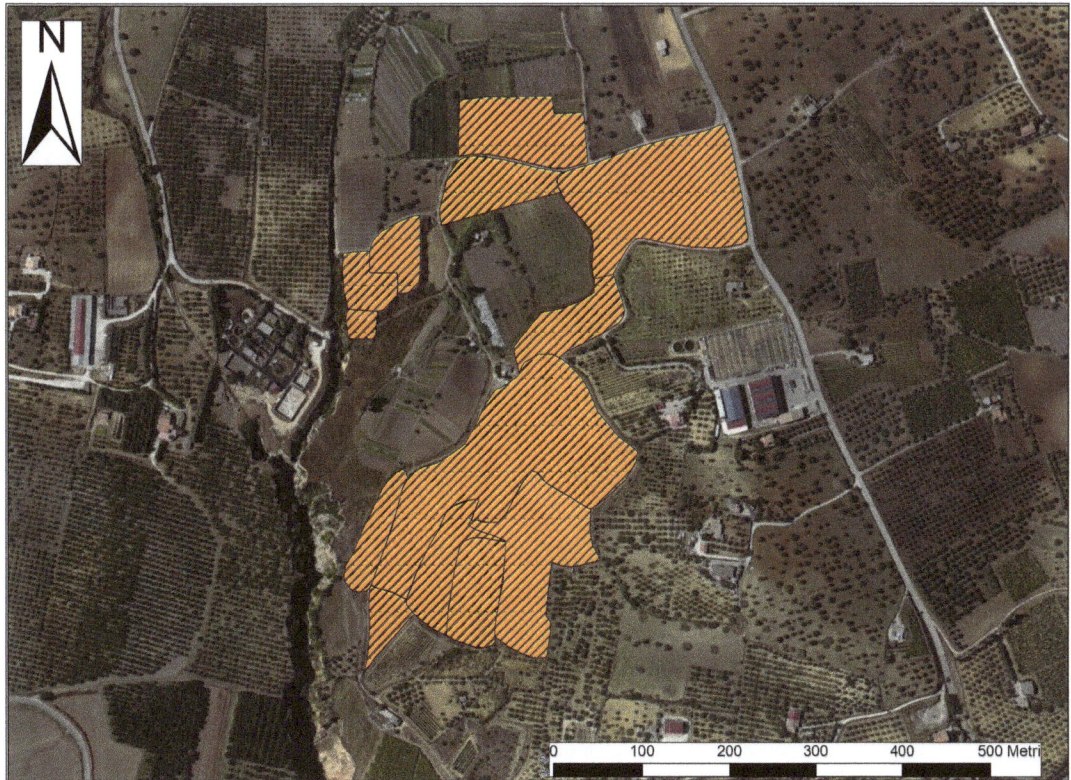

Fig.15: C.da S. Salvatore, aree sottoposte a ricognizione sistematica (base: immagine Esri, i-cubed, USDA, USGS, AEX, GeoEye, Getmapping, AeroGRID, IGN, IGP, UPR-EGP, and the GIS Community. Elaborazione di M. Sfacteria).

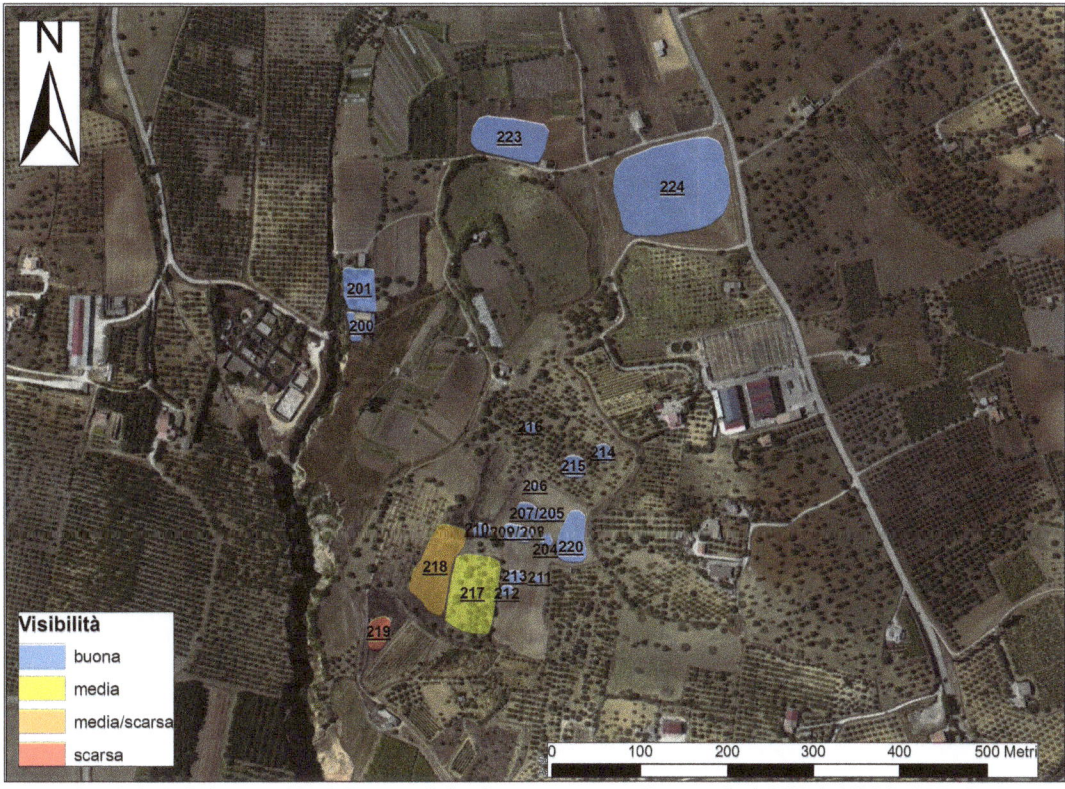

Fig.16: C.da S. Salvatore, Unità Topografiche (base: immagine Esri, i-cubed, USDA, USGS, AEX, GeoEye, Getmapping, AeroGRID, IGN, IGP, UPR-EGP, and the GIS Community. Elaborazione di M. Sfacteria).

Un approccio integrato al problema della ricostruzione della viabilità romana in Sicilia

Fig.17: Panoramica delle pendici nord del monte Alzacuda (foto di M. Sfacteria).

Fig.18: Sentieri sul monte Alzacuda (foto di M. Sfacteria).

Metodologie di indagine

Fig.19: Sentiero presso il monte Pozzetto ad est di Sofiana (foto di M. Sfacteria).

Fig.20: Il fiume Nociara alla fine di ottobre (foto di M. Sfacteria).

5. INDAGINI GEOFISICHE

Per quanto riguarda le analisi geofisiche, sono state effettuate delle prospezioni con metodo magnetometrico nell'area di S. Salvatore (Mazzarino, CL)[114] e analizzate le mappe magnetometriche acquisite nell'ambito del *Philosophiana Project*[115].

Il rilevamento magnetico è un metodo di indagine geofisica passivo che si basa sull'utilizzo di tecniche per la misurazione delle anomalie del Campo Magnetico Terrestre (C.M.T.). Tali anomalie sono legate al contrasto di suscettività magnetica tra gli elementi sepolti ed il terreno che li ingloba. La suscettività magnetica (X_m) è una costante che quantifica il grado di magnetizzazione di un materiale in presenza di un campo magnetico. Il contrasto di suscettività magnetica sarà tanto più alto quanto più alta sarà la presenza di minerali magnetici nell'uno o nell'altro elemento sepolto.

Il campo magnetico misurato da un magnetometro è la somma tra il campo magnetico terrestre ed il campo magnetico dell'oggetto sepolto: se l'oggetto sepolto ha magnetizzazione concorde al campo magnetico terrestre, si sommerà a questo e si avrà dunque un'anomalia positiva; se invece la magnetizzazione dell'oggetto è discorde rispetto al C.M.T., si avrà un'anomalia negativa.

In relazione al comportamento in presenza di un campo magnetico, i materiali si possono suddividere in: diamagnetici, i quali presentano una magnetizzazione che ha stessa direzione ma verso opposto rispetto a quella associata al campo esterno ad essi applicato; paramagnetici, i quali tendono ad avere stessa direzione e verso del campo magnetico applicato; ferromagnetici, che tendono a magnetizzarsi e a mantenere la magnetizzazione, ma solo al di sotto di una certa temperatura, ovvero la temperatura di Curie (T_c), oltre la quale si comportano come paramagnetici.

La magnetizzazione rimanente è tipica dei materiali ferromagnetici ma sottoponendo a riscaldamento un materiale paramagnetico questo si comporterà allo stesso modo. Il calore agisce infatti a livello atomico sull'orientamento dei singoli dipoli magnetici, i quali tenderanno a disporsi secondo la direzione del campo magnetico terrestre. A seguito di un successivo veloce raffreddamento, il materiale manterrà l'orientamento magnetico acquisito. Tale fenomeno è particolarmente utile nelle indagini archeologiche in quanto permette di identificare manufatti sottoposti a cottura, come spargimenti di ceramica o laterizi, o strutture entrate a diretto contatto con la fonte di calore, come focolari o fornaci.

Sia le nuove prospezioni che quelle precedenti sono state effettuate con magnetometro Overhauser in assetto gradiometrico GSM-19GW della GEM System[116].

Lo strumento è stato configurato in modalità *walkgrad*, che prevede un'acquisizione continua ad intervalli di tempo settati dall'utente, nel nostro caso ogni ½ secondo acquisendo ogni 30/35 cm; è stato inoltre settato un incremento sulla x di 0,50 m.

L'elaborazione delle mappe magnetiche è stata effettuata con il *software* Surfer 8, il quale attraverso una serie di algoritmi e procedure di inversione traduce le misure magnetiche in raffigurazioni con gradazioni di colore associate ai valori rilevati

Le mappe magnetometriche del *Philosophiana Project* sono state analizzate in funzione della anomalia individuata già nel 2009 dalla dott.ssa Ghisleni e messa in relazione alla ipotesi di strada avanzata da Adamesteanu[117] ed in base alla quale è stato effettuato il saggio di scavo che verrà descritto in seguito.

Le prospezioni presso la località S. Salvatore sono state effettuate nel cortile prospicente la omonima chiesa, per stabilire se attorno ad essa potessero sorgere strutture, e nel pianoro dove a seguito di ricognizioni sistematiche (vedi *supra*, al paragrafo precedente) sono state individuate le UT 204, 205, 206, 207, 208, 209 e 220, caratterizzate da una serie di accumuli di materiale fittile, tegole e pietre che hanno fatto pensare alla presenza di una serie di strutture.

Le griglie magnetometriche sono state georeferenziate tramite GPS palmare TRIMBLE GeoExplorer, con correzione dello scarto effettuata tramite trilaterazione da punti fiduciali individuati da ortofoto, al fine di essere inserite nella piattaforma GIS del progetto.

Per quanto riguarda l'area prospicente la chiesa, è stata acquisita una griglia di 18x10 m. Qui le indagini non hanno fornito dati soddisfacenti a causa dei numerosi rumori di fondo, probabilmente determinati, almeno in parte, dalla presenza di elementi metallici che potrebbero aver influenzato i risultati, come sembrano indicare i valori particolarmente alti dei *cluster* di dipoli delle anomalie individuate.

Nel pianoro occupato dalle UT 204, 205, 206, 207, 208, 209 e 220 invece sono state acquisite due griglie per un'area totale di 50x55 m. Qui effettivamente sono stati riscontrati taluni allineamenti in corrispondenza di *cluster* di dipoli che sembrano definire il profilo di ambienti rettangolari e che sembrerebbero confermare l'ipotesi di partenza circa la presenza di una serie di ambienti (**fig.21**).

---

[114] Ad opera del sottoscritto con l'aiuto della collega Elisa Rizzo.
[115] Le prospezioni sono state effettuate tra il 2009 ed il 2011 da una squadra coordinata da Mariaelena Ghisleni, della quale dal 2010 ha fatto parte anche lo scrivente. I risultati delle prospezioni sono discussi in BOWES et al. 2011 e LA TORRE, VACCARO 2015.

[116] Per una disamina sulle potenzialità della magnetometria applicata alla ricerca archeologica si vedano ad es. FRANCOVICH, CAMPANA, FELICI 2005 e BECKER, BOSCHI, CAMPANA 2009. Sulla geofisica applicata all'archeologia dei paesaggi ancora validissimo è CAMPANA, PIRO 2009.
[117] ADAMESTEANU 1963.

Metodologie di indagine

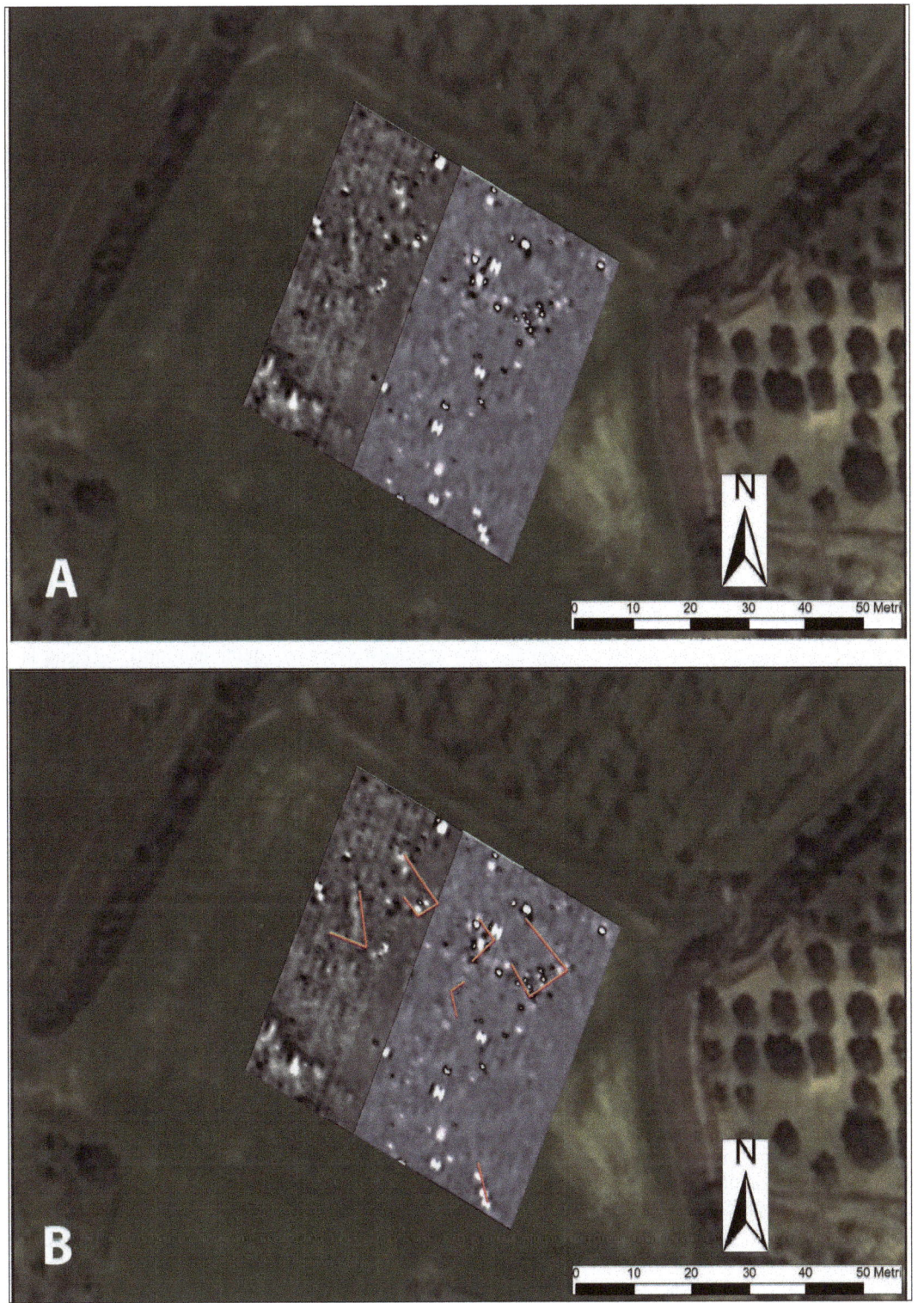

Fig.21: Prospezioni magnetometriche presso la località S.Salvatore.
A-*Mappa magnetometrica;* B-*Interpretazione delle anomalie (base: immagine Esri, i-cubed, USDA, USGS, AEX, GeoEye, Getmapping, AeroGRID, IGN, IGP, UPR-EGP, and the GIS Community. Elaborazione di M. Sfacteria).*

6. INTERVENTI DI SCAVO

Adamesteanu[118] supponeva che parte del tracciato viario della Catania-Agrigento fosse ricalcato da una strada vicinale che passando a nord della necropoli ovest di Sofiana, correva in direzione nord-ovest/sud-est, in parte parallela alla strada provinciale, per poi seguire il profilo del limite nord dell'abitato e proseguire verso est ricalcando il sentiero, tutt'oggi visibile, che passando sopra Casa Cannada procede verso l'Abbeveratoio Fontanazze per poi perdersi in c.da Bologna (**fig.22**).

La strada vicinale è chiaramente visibile nelle ortofoto IGM del 1938, ed è ancora perfettamente visibile nelle ortofoto 1988/1989, mentre nelle ortofoto e nelle immagini satellitari più recenti è visibile una traccia che procedendo in senso nord-ovest/sud-est a partire dalle pendici del Monte Alzacuda ricalca in parte il tracciato della non più visibile strada vicinale, si dirige verso l'area archeologica di Sofiana e l'attraversa proseguendo poi per almeno un altro chilometro in contrada Bologna, dove nel 2013, nell'ambito del *Filosofiana Project*, sono state scavate tre fornaci altomedievali pertinenti un impianto produttivo[119] (**fig.23**).

La traccia nord-ovest/sud-est è visibile anche nelle mappe magnetometriche elaborate a seguito delle prospezioni geofisiche effettuate tra il 2009 ed il 2011 nell'area[120].

Sin da subito si ha avuto il dubbio che la suddetta traccia non fosse riferibile ad una strada ma più probabilmente ad un sistema di canalizzazione delle acque dal monte Alzacuda al sito. Tale suggestione era supportata dall'osservare l'effettiva pendenza del territorio interessato dal tracciato, che si sviluppa da nord-ovest verso sud-est con un balzo di quota di ca. 100 m in mezzo chilometro. Effettuando il calcolo delle pendenze sul GIS è risultata esserci una pendenza iniziale pari a circa il 42%.

Altra ipotesi plausibile era che si trattasse di un paleoalveo, ma è interessante notare come la traccia sia allineata con una sezione di acquedotto scavata negli anni '80 del secolo scorso a pochi metri dalle terme. La parte di acquedotto messa in luce è lunga ca. 10 m ed è caratterizzata da due spallette che confluiscono in un *castellum aquae* costituito da una vasca di 5x5 m (**fig.24**).

La necessità di capire se ci si trovasse di fronte ad una traccia riconducibile alla viabilità ha portato lo scrivente ad effettuare, nell'ottobre del 2014, un saggio di scavo[121] al fine di chiarire la natura di tali anomalie ed allo stesso tempo individuare una possibile persistenza del tracciato viario.

Su piattaforma GIS è stata delimitata un'area di scavo di 2x5 m, tenendo conto di una serie di parametri: si è infatti scelto un punto nel quale l'anomalia mostrasse un andamento rettilineo così da avere maggiori probabilità di intercettarne l'andamento ed è stata inoltre scelta un'area ricadente all'interno di quella che si ipotizza essere l'estensione massima dell'abitato, al fine di ottimizzare le informazioni in un'area finora mai interessata da interventi invasivi.

Dallo scavo è risultata una situazione molto compromessa, probabilmente per via dello scarso interro e dei lavori agricoli, ma si è comunque individuato un allineamento di bessali delle dimensioni di 25 cm per lato, lungo il quale si conservano, ma solo per alcuni tratti, delle pietre poste di taglio a formare delle spallette (**fig.25**; **fig.26**). I materiali dello scavo, studiati in maniera preliminare, consentono di collocare nel IV sec. d.C. il *terminus ante quem* della struttura indagata.

Si può ipotizzare che tale struttura fosse una sorta di canaletta (idea suffragata, come si è detto, dalla pendenza da ovest verso est della struttura), sebbene la tecnica di costruzione particolarmente rozza ne dovesse limitare sicuramente l'efficienza; al di là di ciò sembrerebbe comunque confermato come le anomalie non fossero riconducibili ad un tracciato stradale e che la strada vicinale già riconosciuta da Adamesteanu non presenti una effettiva consistenza stratigrafica, il che porta a scartare, almeno momentaneamente, l'ipotesi che la Catania-Agrigento attraversasse il centro abitato in senso est-ovest.

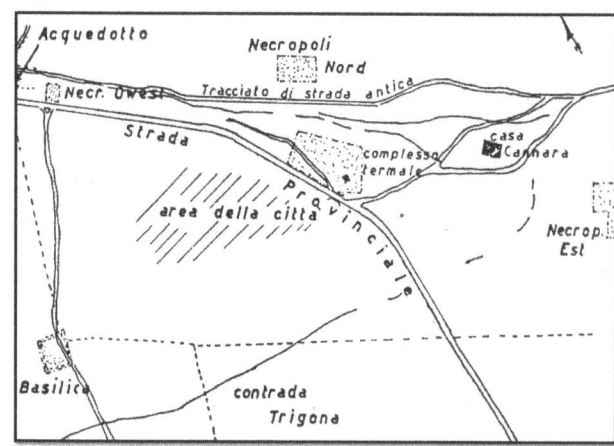

Fig.22: La topografia antica di Sofiana (da ADAMESTEANU 1963).

---

[118] ADAMESTEANU 1963.
[119] VACCARO, LA TORRE 2015.
[120] BOWES *et al.* 2011, pp. 433-438.

[121] Colgo l'occasione per ringraziare i colleghi che si sono alternati sullo scavo: Lina Liuzzo, Elisa Rizzo, Giusi Salvo, Rosa Torre, Eugenio Caratozzolo, Francesco Tirrito, Carmen Morabito e Alessandro La Spada.

Metodologie di indagine

Fig.23: **A**: *il sito di Sofiana*. **B**: *il castellum aquae*. **C**: *il saggio di scavo ottobre 2014*. **D**: *la traccia che partendo dal monte Alzacuda procede in direzione nord-ovest/sud-est (ortofoto digitale a colori AGEA 2012. Elaborazione di M. Sfacteria).*

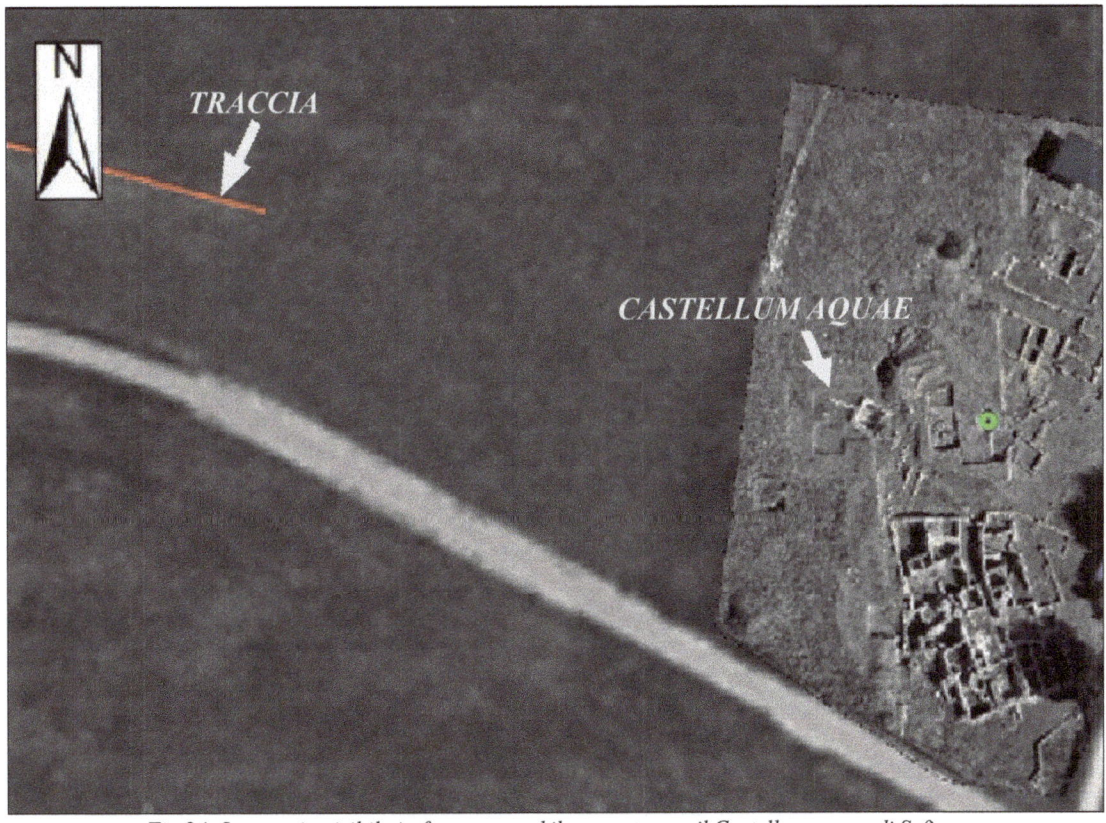

Fig.24: *La traccia visibile in foto aerea ed il rapporto con il Castellum aquae di Sofiana (ortofoto del sito prodotta da M. Sfacteria a partire da foto acquisite tramite kite Da P. Nannini, sovrapposta ad ortofoto AGEA 2012).*

Un approccio integrato al problema della ricostruzione della viabilità romana in Sicilia

Fig.25: Particolare della struttura individuata nel saggio di scavo (foto di M. Sfacteria).

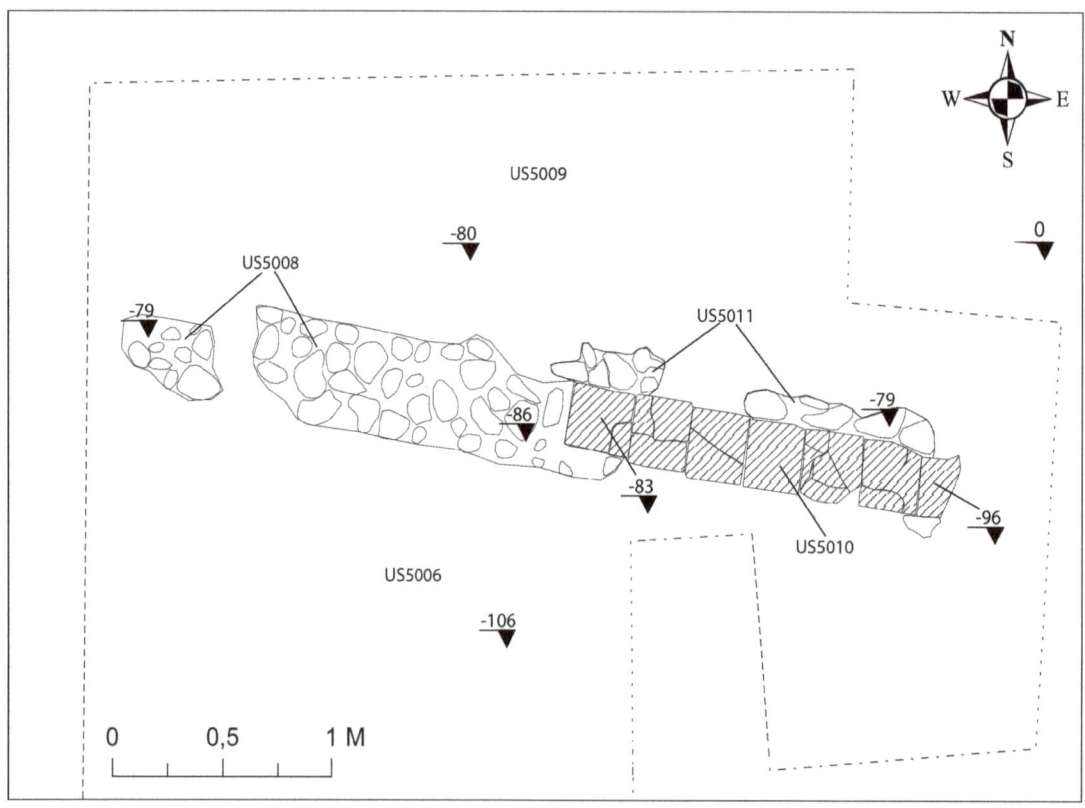

Fig.26: Pianta della struttura individuata nel saggio di scavo.

IV. LA VIA DA CATANIA AD AGRIGENTO
1. STORIA DEGLI STUDI E DELLE RICERCHE

Lo studio e l'analisi topografica dell'effettivo percorso della Catania-Agrigento sono spesso stati subordinati alla esigenza di identificare le *mansiones* riportate sull'*Itinerarium Antonini* sulla base del calcolo delle distanze là riportate. Così Clüver (1580-1622)[122], benché dovesse conoscere in prima persona il territorio siciliano, sulla base dei calcoli delle distanze stabilisce che *Capitoniana* dovesse trovarsi tra Lentini e Aidone, *Philosophiana* a Piazza Armerina, *Petiliana* a Caltanissetta e *Calloniana* tra questa e Pietraperzia.

Vito Amico (1697-1762), catanese, nel suo *Lexicon topographicum Siculum* coglie i grossolani errori del Clüver e suggerisce che *Capitoniana* debba cercarsi presso la c.da Capezzana riguardo la quale aveva già notato un'assonanza toponimica[123]. Circa *Philosophiana* lo studioso non si sbilancia, riportando semplicemente la suddetta ipotesi del Clüver e la notizia, tràdita dallo storico piazzese Chiarandà, circa un casale di Sofiana a SO di Piazza Armerina[124]. Per *Calloniana*[125], che egli ritiene sia la *Caulonia* siciliana citata da Stefano di Bisanzio, l'Amico ipotizza solo che il sito non dovesse localizzarsi al di là del Salso, mentre per il sito di *Corconiana/Cosconiana*[126] suggerisce che possa trovarsi presso il fiume Naro o presso Ravanusa.

Lo Schubring (1839-1914) tenta una collocazione topografica più precisa quando ipotizza ad esempio che *Capitoniana* potesse sorgere lungo il Gornalunga, nei pressi delle località di Cacaciotello o del Mendolo[127]. Egli inoltre riconosce nella contrada la Soffiana di Mazzarino il luogo nel quale collocare la *statio Philosophiana*[128].

Contemporaneamente anche Adolf Holm (1830-1900) dà il suo contributo alla identificazione delle *mansiones* nella sua monumentale opera sulla storia della Sicilia. Lo studioso afferma con certezza che Delia insiste sulla antica *Petiliana*[129], portando come prova la testimonianza del Carrera, riportata da Amico[130], di una *osteria Petiliana* ancora esistente a Delia nel XVII sec. d.C. Secondo Holm la doppia citazione della strada nell'*Itinerarium Antonini* sottintende la presenza di due percorsi diversi a partire da *Philosophiana* verso Agrigento: il percorso più antico passerebbe quindi da Delia seguendo una direttrice settentrionale, mentre il nuovo percorso, quello passante per le *mansionibus nunc institutis*, correrebbe più a sud, attraversando i territori di Ravanusa e Naro, nei pressi delle quali lo studioso colloca rispettivamente *Calloniana* e *Corconiana/Cosconiana*[131].

Nel 1901 il Garofalo dà alle stampe una piccola monografia sulla viabilità romana di Sicilia nella quale, ancora una volta, lo studio è incentrato essenzialmente sul tentativo di localizzare a tavolino le *mansiones* sulla base delle distanze tràdite dall'*Itinerarium*[132].

Il Garofalo ha il merito di avere avanzato un'ipotesi particolarmente interessante, che tuttavia non avrà grande fortuna negli studi successivi: come abbiamo già avuto modo di osservare, nel percorso *A Traiecto Lylibeo* è presente il doppio toponimo *Gela sive Philosophianis*, per il quale lo studioso preferisce la *lectio* alternativa *Gelasium Philosophianis*; sulla scorta del confronto con la tappa – lungo lo stesso itinerario – di *Tauromenion Naxo*, anch'essa costituita da un nome in ablativo ed uno in accusativo, Garofalo suggerisce che tale forma indichi la relazione tra due luoghi aventi una *mansio* in comune[133]. Lo studioso sarebbe stato felice di sapere che anche il *sive* posto tra i nomi di due località, in alcuni casi, può assumere il valore di *et*[134], e quindi anche la *lectio* oggi comunemente accettata di *Gela sive Philosophianis* nulla avrebbe tolto alla sua ipotesi.

A Biagio Pace (1899-1955) va il merito di avere posto l'attenzione, nella sua grande opera sulla Sicilia[135], sulla necessità di riconoscere anche a livello topografico il tracciato delle strade romane, sottolineando come il basare le ricostruzioni sulle distanze tramandate dalle fonti, spesso corrotte e non bastevoli, abbia, fino al momento in egli cui scrive, limitato l'avanzamento degli studi[136].

Il principio di metodo di Pace è semplice ma efficace, ovvero tentare di ricostruire la viabilità antica partendo dai dati relativi a epoche posteriori, leggendoli alla luce di due assunti di partenza: l'immutabilità delle caratteristiche geomorfologiche di un territorio[137], e la mutevolezza della distribuzione dei centri abitati legata al cambiare di condizioni sociali, politiche ed economiche[138].

A tali assunti il Pace aggiunge due caratteristiche che giocano a favore della possibilità di ricostruire la viabilità dell'isola, ovvero la persistenza dei centri abitati da un

---

[122] CLÜVER 1659, pp. 202-203.
[123] AMICO 1757-1760, I, p. 152.
[124] *Ivi*, I, pp. 275-276. Cfr. *infra* IV.2.1.2.
[125] *Ivi*, I, pp. 166-167.
[126] *Ivi*, II, pp. 206-207.
[127] SCHUBRING 1873, p. 117.
[128] *Ibid.*
[129] HOLM 1896-1901, p. 484.
[130] AMICO 1757-1760, II, p. 79. Vedi *infra* V.3.
[131] HOLM 1896-1901, p. 484.

[132] GAROFALO 1901.
[133] *Ivi*, p. 24.
[134] CARACAUSI 1996, p. 405.
[135] PACE 1958.
[136] *Ivi*, p. 461.
[137] Tale assunto è ancora valido, sebbene, venuto prematuramente a mancare, il Pace non potè assistere ai forti interventi infrastrutturali che a partire dagli anni '50, ma soprattutto negli anni 60 e '70 del '900, avrebbero irrimediabilmente trasformato il volto del nostro paesaggio.
[138] PACE 1958, p. 461.

lato, e la sopravvivenza delle Regie trazzere dall'altro. Riguardo queste ultime, in particolare, il Pace sottolinea come il fatto che si tratti di un patrimonio demaniale sia di per se stesso "garanzia di tradizione conservatrice, e quindi di remota antichità"[139].

La ricostruzione della Catania-Agrigento proposta dal Pace[140] ha il merito di essere il primo vero tentativo di effettiva descrizione topografica di un percorso. Il Pace ipotizza che il tragitto più diretto, da est a ovest, sia quello seguito dalla trazzera che, attraversata la piana di Catania, si dirige verso Aidone e Piazza Armerina per poi giungere a Barrafranca. Egli riconosce in questo tratto le stazioni di *Capitoniana* e di *Philosophiana*, quest'ultima appunto in località Sofiana. Superata *Philosophiana*, Pace ipotizza un percorso che attraverserebbe Barrafranca, Pietraperzia e Caltanissetta, per arrivare infine ad Agrigento. Tale ipotesi ha due limiti in particolare: *in primis* è difficile immaginare che la strada, superata Barrafranca, invece di dirigersi verso SO in direzione di Agrigento, salisse in direzione NO per 16 km fino a Caltanissetta. Il secondo limite non è imputabile al Pace poiché morì prima di poterlo sapere, ma se Sofiana, l'unico sito per il quale una relazione con la Catania-Agrigento sembra indiscutibile, nasce in età augustea, così come il primo impianto della villa del Casale, non vi sono motivi per immaginare che la strada passasse da Aidone, se Morgantina proprio in quegli anni veniva ricordata da Strabone tra le città non più esistenti[141].

Dopo il lavoro del Pace, tra la fine degli anni '50 e gli inizi degli anni '60, vengono portati avanti scavi e ricerche da parte di Adamesteanu a Sofiana[142] e dalla La Lomia a Vito Soldano[143], entrambi siti di grandissima rilevanza per la ricostruzione del nostro percorso. Contemporaneamente, Angelo Li Gotti, medico con la passione per la storia e per l'archeologia, conduce una serie di ricerche nel comprensorio della sua città natale, Barrafranca, e nei territori di Sommatino e Mazzarino, che pubblica puntualmente[144]. Si può dire che Li Gotti sia il primo ad occuparsi della strada Catania-Agrigento "dal basso", ovvero osservando il territorio nel quale viveva. Le ipotesi dello studioso verranno approfondite estesamente nel paragrafo 3 di questo capitolo, nel corso della descrizione della nostra ipotesi di tracciato.

A partire dalla fine degli anni '60, Giovanni Uggeri si dedica instancabilmente allo studio della viabilità del meridione e della Sicilia in particolare. La summa del suo lavoro, che include anche una ipotesi ricostruttiva della Catania-Agrigento, è la monografia uscita nel 2004[145], la quale rappresenta tutt'oggi uno strumento imprescindibile per chi si si accinga ad affrontare uno studio sulla viabilità dell'isola. Il lavoro di Uggeri soffre, almeno per quanto riguarda la descrizione della strada di nostro interesse, della mancanza di un adeguato apparato grafico, per cui in alcuni tratti non è facile seguirne la ricostruzione; in ogni caso nel suo complesso la ricostruzione dell'Uggeri è finora la più completa mai eseguita. Si descriverà in maggiore dettaglio la sua ipotesi al paragrafo 3 di questo capitolo, in quanto in linea di massima, dal punto di vista del tracciato in sé, la nostra ricostruzione non si discosta eccessivamente da quella dello studioso, sovrapponendosi anzi in alcuni tratti. Allo stesso modo si tratterà, nello stesso paragrafo, la ricostruzione della strada effettuata dalla Paladino, allieva di Uggeri, nell'ambito della sua tesi di laurea, dalla quale sono scaturite alcune pubblicazioni nella metà degli anni 2000[146].

Della viabilità di Sicilia si occupa anche il Verbrugghe[147]. Il suo lavoro non ha però come obiettivo precipuo quello di ricostruire il tracciato delle strade romane dell'isola, ma di comprendere le ragioni politiche che ne promossero la costruzione. La conclusione a cui giunge è che i romani in Sicilia sfruttarono semplicemente percorsi precedenti e che le uniche strade costruite *ex novo* furono la via Aurelia e la cosiddetta via Valeria[148]. Per quanto riguarda la Catania-Agrigento, Verbrugghe tenta una ricostruzione basata sulle distanze tra località e sulle tracce di viabilità estrapolate esclusivamente da ortofoto. Così colloca *Petiliana* presso Riesi in virtù di un bollo *PETIL* rinvenuto nel suo territorio, e adduce come ulteriore prova la notizia del ritrovamento di una iscrizione latina nei pressi della città[149]. Aggiunge poi che la strada doveva passare da Mazzarino, che lui sostiene essere *Maktorion*. È chiaro, come detto, che l'intenzione del Verbrugghe non è quella della ricostruzione topografica della strada, ma nel cimentarvisi lo fa usando i dati con una certa disinvoltura, sebbene poi ammetta egli stesso come la sua ricostruzione sia basata "*on the flimsiest of evidence*"[150].

---

[139] *Ibidem*.
[140] *Ivi*, pp. 472-473.
[141] Strab., VI, 2.
[142] Adamesteanu 1955a; Adamesteanu 1955b; Adamesteanu 1963; Adamesteanu 1984.
[143] La Lomia 1961.
[144] Li Gotti 1958-59; Li Gotti 1960; Li Gotti 1965.

[145] Uggeri 2004. Si rimanda allo stesso testo anche per la nutritissima bibliografia precedente dell'autore. Per quanto riguarda la ricostruzione della via Catania-Agrigento, questa si trova alle pp. 251-266.
[146] Paladino 2004; Paladino 2006; Paladino 2007.
[147] Verbrugghe 1976.
[148] *Ivi*, pp. 89-91.
[149] Del bollo e del cippo miliario scrive Li Gotti 1955, p. 247.
[150] Verbrugghe 1976, p. 83.

2. IL SITO DI SOFIANA E LA *MANSIO PHILOSOPHIANA*

Alla luce delle difficoltà legate alla ricostruzione della nostra strada, il sito di Contrada Sofiana (**fig.27**), nel territorio di Mazzarino (CL), viene ad assumere un ruolo di fondamentale importanza come punto di partenza per l'individuazione del percorso.

Appare infatti molto probabile che il toponimo Sofiana conservi il ricordo della *mansio Philosophiana* o *Filosofiana*, presente nell'*Itinerarium Antonini* in posizione intermedia lungo la strada Catania-Agrigento.

La *mansio* è citata nell'*Itinerarium* al paragrafo 88, 2 dove è presente con la formula *Gela sive Filosofianis*, come attesta il codice *Escorialensis* RII,18, s. VII, o *Gelasium Filosofianis* secondo una lettura più tarda e meno attendibile riportata nel codice *Vindobonensis* 181[151].

Un altro passo in cui è presente la stazione si trova al paragrafo 94, 2-7 – probabile aggiornamento del precedente, aggiunto in seguito alla revisione subita dal testo in età costantiniana[152] – dove è indicato solo come *Filosofianis*, privo dunque del toponimo alternativo *Gela*. In questo secondo passo sono inoltre presenti due nuove stazioni: *Callonianis* e *Cosconianis*[153].

Il toponimo *Filosofiana/Philosophiana* compare in seguito nella biografia di San Gregorio Vescovo di Agrigento, compilata dal monaco bizantino *Leontius*; qui vi è un passo il quale ci informa che Tiberio, diacono del Papa, si trovava "ἐν τοῖς μέρεσιν Φιλοσοφιανῶν"[154], dove stava organizzando le navi per Roma[155].

Circa l'epoca in cui sarebbe vissuto San Gregorio Agrigentino, si propende per il periodo a cavallo tra VI e VII d.C.[156], mentre la stesura della Vita oscillerebbe tra gli anni '20 del VII sec. d.C.[157] e il periodo a cavallo tra la metà dell'VIII e la metà del IX sec. d.C.[158]. Questa è al momento l'ultima attestazione del toponimo completo che ci sia pervenuta, mentre dovremo aspettare la metà del XII sec. d.C. per avere l'attestazione della forma conservatasi sino ai giorni nostri. Al 1154 è datata infatti la donazione di Manfredi di Policastro alla Chiesa della Madonna SS.ma del Mazzaro, dove Sofiana viene citata nel passo "*Ecclesia haec semper habet de silva Sofianae quacumque ligna*"[159], seguita dalla successiva menzione del toponimo in una bolla di Papa Alessandro III, datata al 1169, che cita un "*Casale san Vincentii, quod est iuxta Sophianam cum tenimentis suis*"[160].

L'assonanza del toponimo di Sofiana con la *Philosophiana* dell'*Itinerarium Antonini* era già stata colta, dallo storico Piazzese G.P. Chiarandà[161] il quale nel 1654 ricollega Filosofiana ad un "Casale Sofiana" in vita fino al 1470 e che, sempre a detta dello storico, doveva trovarsi ad una distanza di 3 miglia da Piazza Armerina verso Libeccio, ovvero all'incirca dove effettivamente insiste il sito di Sofiana.

Dal punto di vista prettamente archeologico l'area di Sofiana è interessata, negli anni '60 del secolo scorso, dagli scavi condotti da Dinu Adamesteanu. Allo studioso, impegnato in ricognizioni nell'entroterra gelese, non era difatti sfuggita la suddetta assonanza toponimica.

Gli scavi di Adamesteanu portano alla luce un impianto termale (**fig.28**) la cui cronologia iniziale si assesterebbe al IV sec. d.C., la basilica tardoantica con l'annessa necropoli sud, le necropoli nord (medio imperiale) ed ovest (tardo antica), e parte della più grande necropoli est, utilizzata dall'età primo imperiale alla tarda antichità ed il cui scavo è stato completato e pubblicato negli anni '90 del secolo scorso dalla Soprintendenza, insieme con lo studio dei materiali provenienti dalle altre necropoli[162].

Partendo dalla identificazione della *Filosofiana* dell'*Itinerarium* con il sito di Sofiana, alcuni studiosi, come ad esempio Carandini, il quale ha intitolato la sua edizione della Villa del Casale proprio *Filosofiana, la villa di Piazza Armerina*[163], sono giunti ad identificare con il nome di *Philosophiana/Filososofiana* la vicina villa tardo-antica del Casale, oltre al *fundus* a questa pertinente. Altri, come Wilson[164], dubitano che la villa e la *mansio* facessero parte dello stesso *fundus*. Proprio Wilson, e con lui Calderone[165], hanno tentato di dirimere la problematica relativa al toponimo *Gela* che compare affiancato a quello di *Filosofiana*, concentrandosi soprattutto sul *sive* posto tra i due nomi. I due studiosi convergono sull'idea che in un dato momento la località dovesse avere un doppio toponimo: uno più antico, ovvero *Gela*, ed uno più recente, che in un dato momento avrebbe definitivamente sostituito il precedente, ovvero *Filosofiana*. A testimonianza di tale sostituzione vi sarebbe l'*argumentum ex silentio* della

---

[151] LA TORRE 1994, p. 133.
[152] CALDERONE 1984 pp. 46-47.
[153] LA TORRE 1994, p. 133.
[154] BERGER 1995, p. 219, 61, 23–24.
[155] Vedi VACCARO 2012, p. 130 per una disamina del passo che dimostra chiaramente come la *Philosophiana* altomedievale dovesse avere forti legami con la Chiesa di Roma e dovesse servire da centro di raccolta per il grano diretto all'Urbe.
[156] BERGER 1995, pp. 23-32.
[157] MARTYN 2004, p. 20.
[158] BERGER 1995, p. 48.
[159] Per il testo completo si veda DI GIORGIO INGALA 1900, pp. 309-314. Sebbene le ipotesi dello storico locale siano a volte campanilistiche e controverse, il passo in questione è in parte riportato già in PIRRI 1733, p. 621.

[160] PIRRI 1733, p. 623.
[161] AMICO 1757-1760, vol. I, pp. 275-276.
[162] R. M. Bonacasa Carra, *Sofiana*, pp. 105-13; M. Lauricella, *I materiali*, pp. 117-218; M. Denaro, *Sofiana. Necropoli orientale-Settore settentrionale*, pp. 225-35; G. Narbone, *I vetri*, pp. 273-9; A. Brugnone, *Le iscrizioni*, pp. 293-301; F. Severini e L. Usai, *Studio antropologico dei reperti umani rinvenuti nella necropoli romana (I sec. d.C.) di Sabucina (loc. Lannari) e nella necropoli tardo-romana (V sec. d.C.) di Sofiana (loc. Mazzarino), Caltanissetta*, pp. 203-332, tutti in BONACASA CARRA, PANVINI 2002.
[163] CARANDINI *et al.* 1982.
[164] WILSON 1984, pp. 178-179; WILSON 1990 p. 223.
[165] WILSON 1984, p. 178; CALDERONE 1984, pp. 46-47.

mancanza del primo toponimo nella revisione tarda dell'*Itinerarium*.

Nei primi anni '90 del secolo scorso, La Torre riprende e approfondisce la questione relativa ai toponimi *Gela* e *Philosophianis*[166]. Gli scavi da lui condotti in quegli anni portano alla luce parte di una domus a peristilio e del muro pomeriale settentrionale, e portano inoltre all'identificazione di una vera e propria maglia stradale regolare.

Secondo La Torre, il centro abitato scavato in c.da Sofiana sarebbe da identificare con la *Gela* dell'*Itinerarium Antonini*; il toponimo non starebbe infatti ad indicare una località nei pressi del fiume Nociara-*Gelas*[167], bensì il nome dell'insediamento stesso, in memoria probabilmente della colonia rodio-cretese distrutta nel 282 a.C. da *Phintia*. La nostra *Gela* sarebbe quindi una città, sebbene di piccole dimensioni, sorta tra la fine del I sec. a.C. e l'inizio del I d.C. e vissuta quasi ininterrottamente, salvo una cesura alla metà circa del II sec. d.C., sino alla seconda metà del III sec. d.C.; agli abitanti di questa città si riferirebbe quindi Plinio quando nomina i *Gelani* tra i *populi stipendiarii*[168], e potrebbe essere questa la *Gela* presente in Tolomeo[169] in una posizione troppo interna rispetto alla costa per potersi identificare con la Gela greca[170].

A partire dal 2009 il sito di Sofiana è stato di nuovo oggetto di indagini nell'ambito del *Filosofiana Project*, progetto di ricerca frutto della collaborazione tra le Università di Cornell, Cambridge e Messina. Obiettivo principale del progetto è quello di ricostruire le dinamiche insediative nel territorio in esame e comprendere i rapporti sociali ed economici intercorrenti tra il sito di Sofiana e la vicina Villa del Casale, col fine di contribuire a fare luce sul ruolo della Sicilia nell'economia tardo-antica[171].

S*urvey* sistematici, geofisica estensiva e saggi stratigrafici hanno permesso di stabilire che Sofiana, dopo l'abbandono di III sec. d.C., continuò a prosperare nel periodo tardo-antico fino a raggiungere, nel IV sec. d.C. una estensione di almeno 21 ha, quindi di poco minore rispetto alle città di secondo ordine della Sicilia. Tal periodo di floridezza perdura sino alla metà del VII sec. d.C., ma il sito continuerà ad essere occupato sino agli inizi del XIII sec.

---

[166] LA TORRE 1993-1994, LA TORRE 1994.
[167] CALDERONE 1984 p. 46.
[168] *Plin. N.H.*, III, 91.
[169] *Ptol.* III, 4, 15.
[170] LA TORRE 1994, pp.135-136.
[171] BOWES *et al.* 2011; VACCARO 2012; VACCARO 2013.

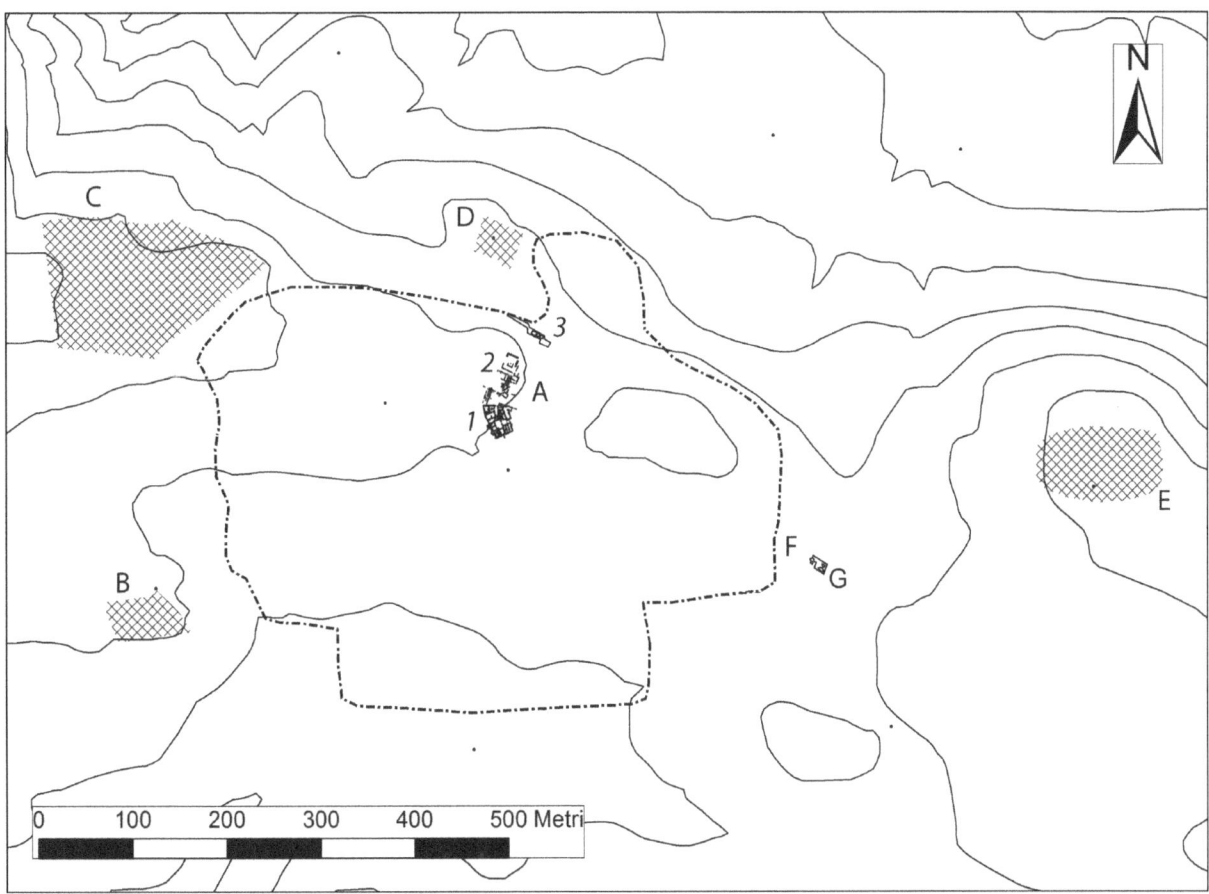

*Fig.27: **A** = il sito di Sofiana: **1)** Le terme, **2)** la domus, **3)** il muro pomeriale.
B = necropoli annessa alla basilica tardoantica. **C** = necropoli ovest.
D = necropoli nord. **E** = necropoli est. **F** = estensione massima dell'abitato nel IV sec. d.C.
G = atelier medio-bizantino (VIII-IX d.C.).*

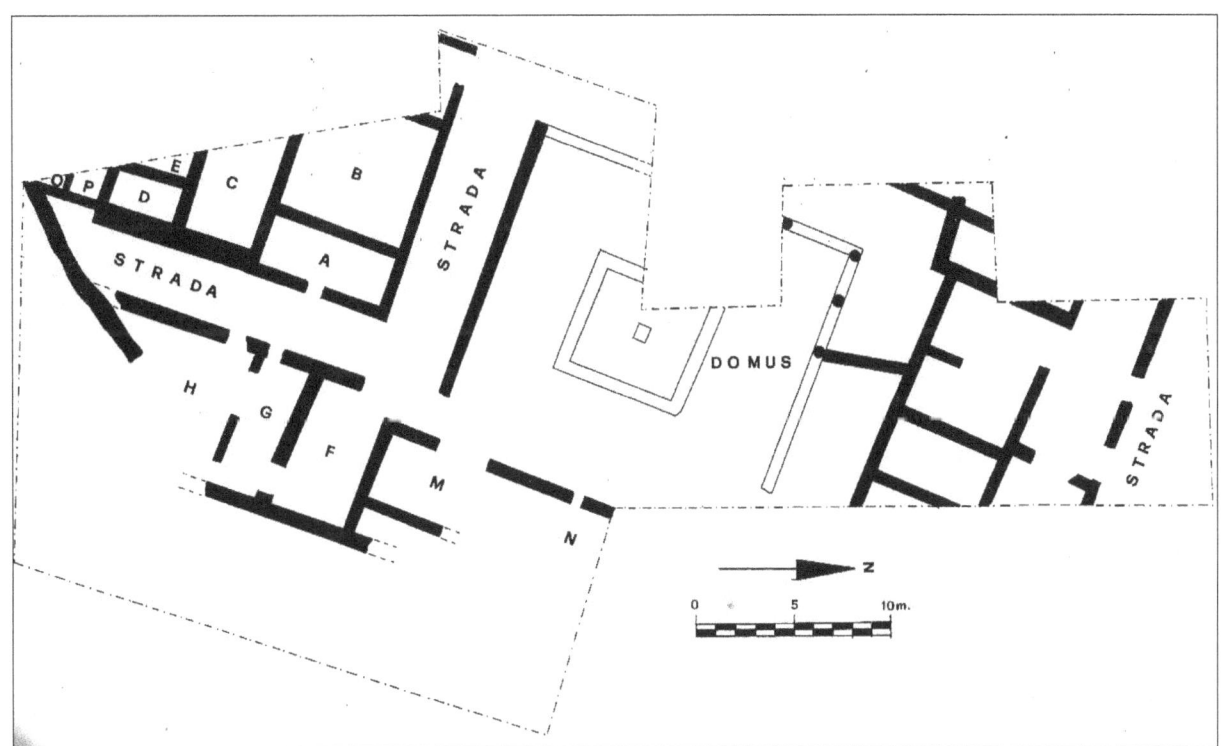

Fig.28: Ricostruzione planimetrica della domus (da LA TORRE 1994).

3. UNA IPOTESI RICOSTRUTTIVA

3.1. Da Catania a *Capitoniana*

Non è chiaro da dove partisse esattamente la strada, né se le distanze tradite dall'*Itinerarium* siano misurate a partire dal centro o dai limiti dell'insediamento[172]. In questo primo tratto, la ricostruzione non si discosta molto da quella effettuata da Uggeri[173]. Si può presumere che la strada si dirigesse subito verso SO per mantenersi a S delle alture della Timpa di Mazza e di Motta Sant'Anastasia. Probabilmente il percorso attraversava Librino passando poi per le masserie Castagnola, Vico e Bummacari, dove sono segnalati i resti di un edificio romano con copertura a volta[174] (**fig.29**).

Superata la piana compresa tra le masserie Paterni e Paterno, è credibile che almeno in una sua fase attraversasse il Simeto presso la Giarretta dei Monaci, dove è segnalata la presenza dei resti di un ponte attribuibile genericamente ad età romana[175] (**fig.30; fig.31**), giungendo poi al Fondaco di Portiere Stella dove vi è notizia di resti di un insediamento tardoimperiale e dove, nella levata del 1866, era ancora ravvisabile il toponimo *balnearia*[176].

Il tracciato fin qui descritto ricalca orientativamente quello della SS 192 che a sua volta segue la Regia trazzera 362 (**fig.32**). Presso la Crociata Jannarello, la SS 192 diventa SS 288, ovvero la vecchia Regia trazzera 477, ed è logico supporre, con Uggeri, che effettivamente il tracciato proseguisse su questa direttrice[177] (**fig.33**).

Procedendo si incontra, a ca. 4 km di distanza, la Mass.a Stimpato, ove è attestata un'area di spargimento di materiali ellenistici e romani[178]. Ci troviamo 2,5 km a SE della Mass.a Castellito, nel territorio di Ramacca, dove insiste una villa romana indagata archeologicamente nel 1978[179], che gli scavatori hanno ipotizzato potesse essere la *mansio Capitoniana* dell'*Itinerarium Antonini* (**fig.34**).

Lo scavo, seppure incompleto, ha portato alla luce una serie di pavimenti decorati a mosaico ma soprattutto una struttura semicircolare che ha spinto gli scavatori ad ipotizzare la presenza di un piccolo impianto termale[180].
Dal punto di vista cronologico la villa presenta una prima fase, forse attribuibile ad una fattoria, inquadrabile in età ellenistica avanzata; in seguito la villa fu utilizzata almeno fino al IV sec. d.C., sebbene sia attestata una frequentazione dell'area sino al VI sec. d.C.[181]. Sulla base dei pochi materiali pubblicati comunque risulta che i frammenti più antichi – cronologicamente collocabili tra il III ed il I sec. a.C. – sono solo due, mentre la maggior parte dei materiali si inquadra in un arco cronologico che parte dall'età augustea fino al VI sec. d.C.

Per quanto riguarda l'ipotesi che vuole la villa del Castellito come la *mansio Capitoniana*, occorrono una serie di osservazioni: la distanza tradita dall'*Itinerarium* tra Catania e *Capitoniana* è di XXIV miglia, corrispondenti a ca. 35,5 km, mentre la distanza effettiva tra Catania e la villa del Castellito si aggira tra i 28 e i 32 km (considerando le ipotesi di percorso più plausibili tra i due siti, calcolate sulla scorta della viabilità moderna e delle caratteristiche geomorfologiche); la distanza tra *Capitoniana* e *Philosophiana* è di XXI miglia (31 km) nell'*Itinerarium*, mentre la distanza effettiva è di ca. 44/47 km.

Se quindi la distanza tra la villa del Castellito/*Capitoniana* e Catania potrebbe in linea di massima considerarsi coerente, altrettanto non si può dire per la distanza tra la stessa e il sito di Sofiana/*Philosophiana*. Abbiamo d'altronde visto in precedenza come anche la distanza tra il sito di Sofiana e Agrigento sia tutto sommato coerente con la distanza tràdita dall'*Itinerarium* per il tratto da *Philosophiana* ad Agrigento. Ne consegue che l'errore va cercato proprio nelle due distanze da Catania a *Capitoniana* e da *Capitoniana* a *Philosophiana* - e deve trattarsi di un errore per difetto e non per eccesso.

Tra gli errori più comuni presenti nell'*Itinerarium* vi sono l'aggiunta o la perdita dei simboli "I", "X" e "V", soprattutto all'inizio o alla fine della cifra, e la confusione tra "II" e "V"[182]. A meno di non volere quindi considerare che in ogni cifra vi sia una somma di errori, o che ci siano errori in ogni cifra, per la distanza tra Catania e *Capitoniana* (riportata con la forma "XXIIII") potremmo ipotizzare le seguenti correzioni: XXXIIII (quindi ca. 50 km) e XXVII (ca. 39,9 km). Nel primo caso avremo quindi una distanza totale tra Catania e *Philosophiana* di 81 km, non troppo più grande rispetto alle distanze reali tra

---

[172] Riguardo la variabilità legata ai punti di partenza nell'*Itinerarium Antonini* cfr. ad es. DILKE 1987, p. 236, dove, rispetto alla sezione britannica dello stesso, l'autore scrive: "*Except in cases where they are clearly corrupt, the mileages are fairly reliable. It has been shown, however, that distances from a settlement sometimes start from the center, sometimes from the outskirts.*"
Sulla stessa incertezza di computo a partire dai miliari cfr. *Italia - Atlante dei Tipi Geografici*, IGM, edizione 2004, p. 717: "*Se poi le misure non tornano sempre esattamente, può dipendere dal fatto che l'inizio della numerazione non è da cercare al centro della città da cui le vie irradiavano, ma alle porte antiche (a Roma, dove pure il milliario aureo, centro simbolico di tutte le vie, sorgeva nel foro, la miliazione partiva dalle porte della cinta muraria serviana).*"

[173] UGGERI 2004, pp. 252-253.
[174] Come attestato nella Carta dei siti archeologici delle Linee Guida del Piano Paesistico Territoriale Regionale della Regione Sicilia.
[175] SANTAGATI 2017.
[176] UGGERI 2004, p. 252.
[177] Cfr. *ivi* p. 253.
[178] Come attestato nella Carta dei siti archeologici delle Linee Guida del Piano Paesistico Territoriale Regionale della Regione Sicilia.
[179] ALBANESE PROCELLI 1988-89.
[180] *Ibidem*.
[181] *Ivi* p. 21.
[182] WHEELER 1920, p. 379.

La via da Catania ad Agrigento

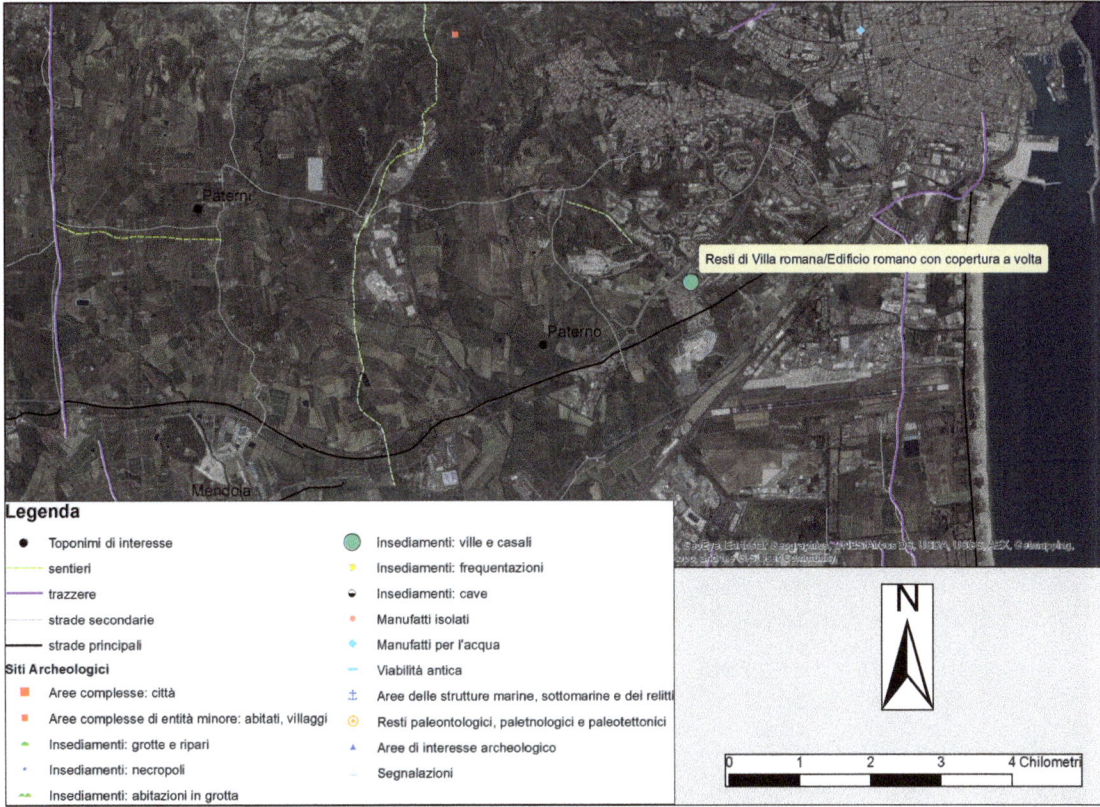

Fig.29: *La piana di Catania. Shapes dei siti archeologici e della viabilità del Piano Paesistico Regionale Sicilia (immagine di base: Esri, i-cubed, USDA, USGS, AEX, GeoEye, Getmapping, AeroGRID, IGN, IGP, UPR-EGP, and the GIS Community. Elaborazione di M. Sfacteria).*

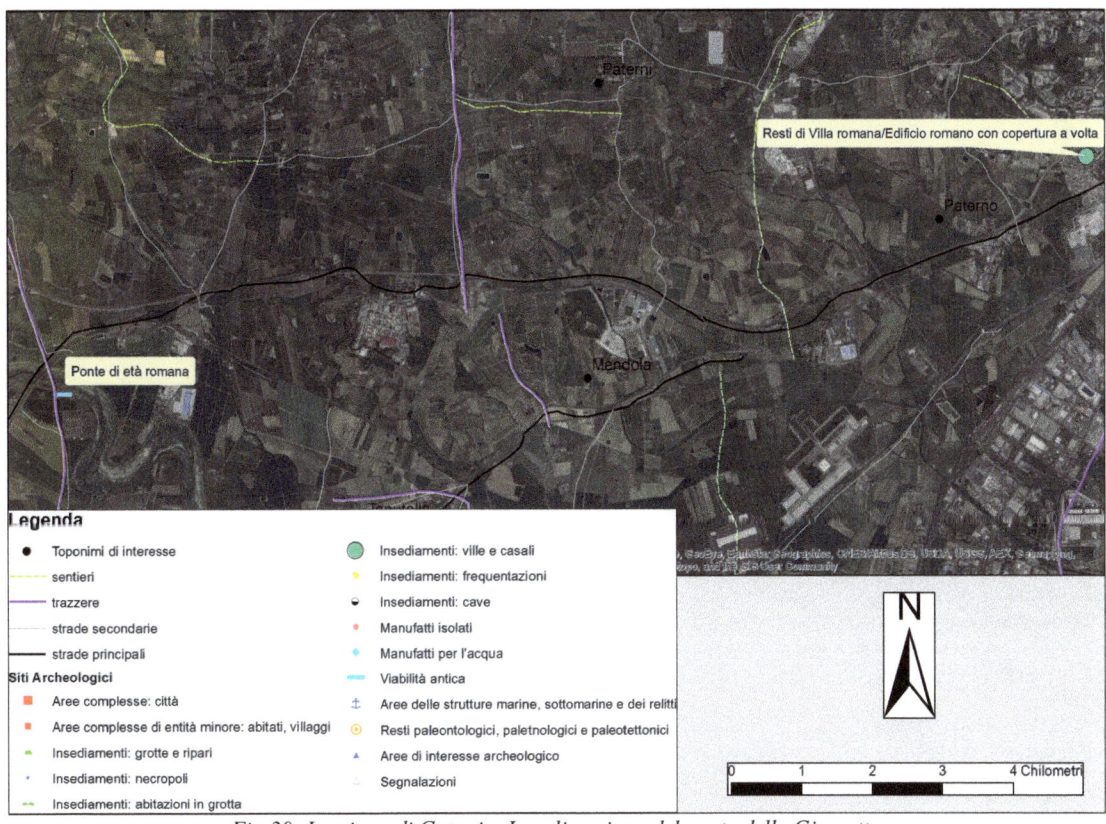

Fig.30: *La piana di Catania. Localizzazione del ponte della Giarretta.*
Shapes dei siti archeologici e della viabilità del Piano Paesistico Regionale Sicilia (immagine di base: Esri, i-cubed, USDA, USGS, AEX, GeoEye, Getmapping, AeroGRID, IGN, IGP, UPR-EGP, and the GIS Community. Elaborazione di M. Sfacteria).

Fig.31: Il ponte della Giarretta (foto su gentile concessione di L. Santagati).

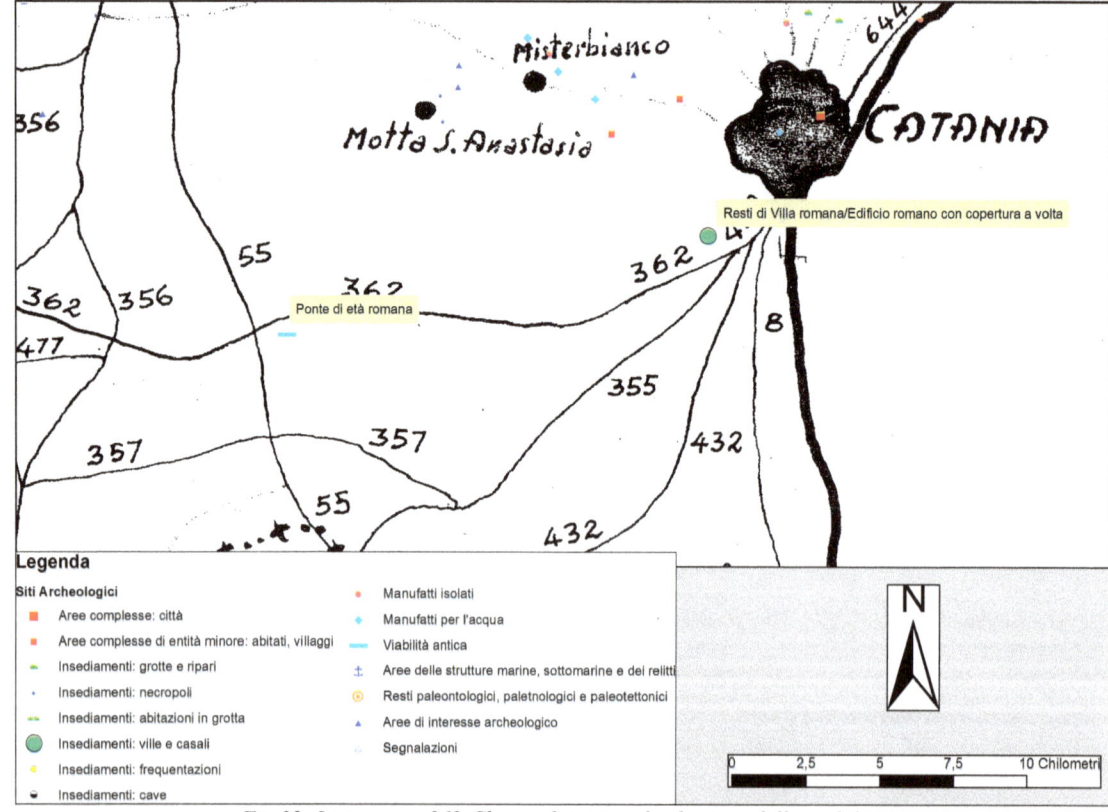

Fig.32: La trazzera 362. Shapes dei siti archeologici e della viabilità del Piano Paesistico Regionale Sicilia su Carta delle Trazzere di Sicilia (elaborazione di M. Sfacteria).

La via da Catania ad Agrigento

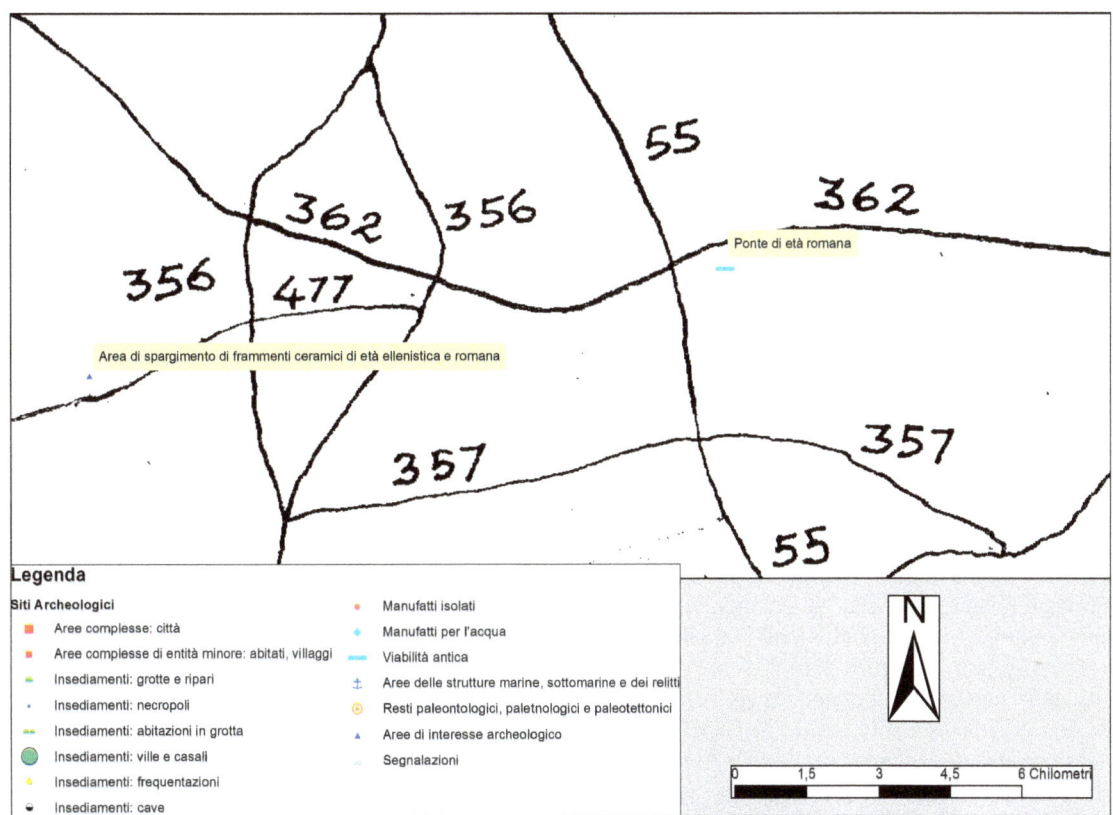

Fig.33: Le trazzere 362 e 477. Shapes dei siti archeologici e della viabilità del Piano Paesistico Regionale Sicilia su Carta delle Trazzere di Sicilia (elaborazione di M. Sfacteria).

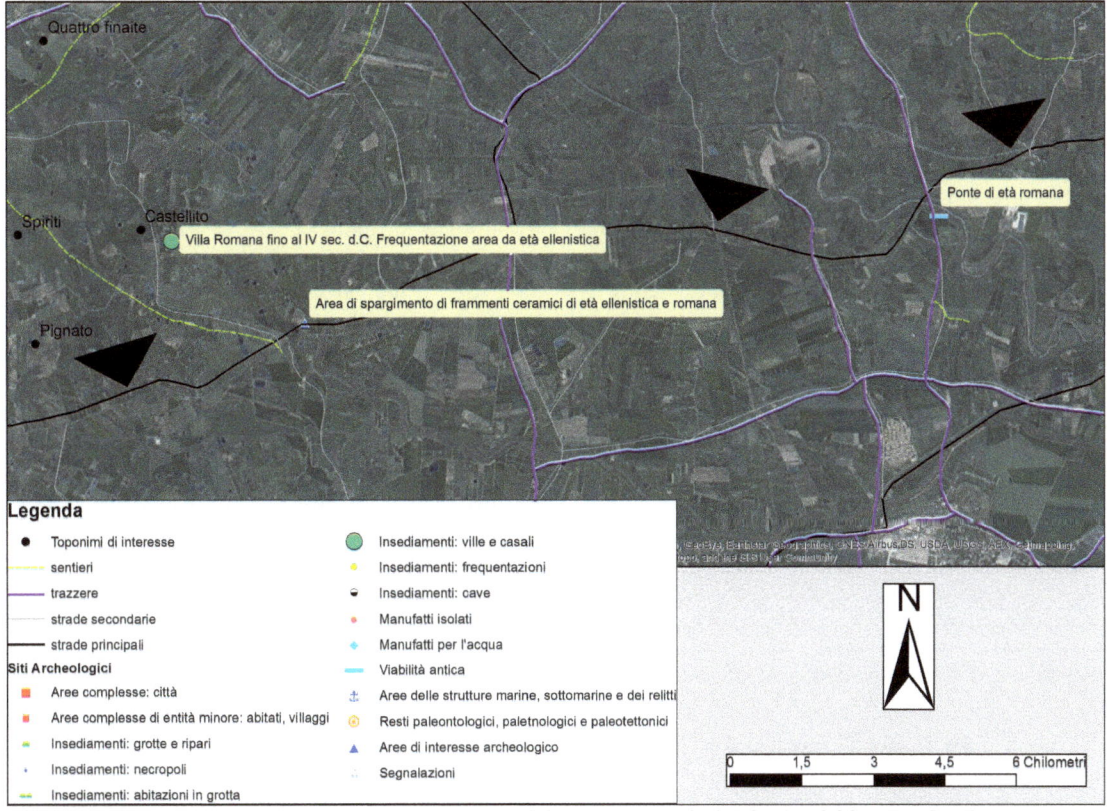

Fig.34: Il sito di c.da Castellito (immagine di base: Esri, i-cubed, USDA, USGS, AEX, GeoEye, Getmapping, AeroGRID, IGN, IGP, UPR-EGP, and the GIS Community. Elaborazione di M. Sfacteria).

i due siti. Nel secondo caso avremmo una distanza totale di 71 km, più breve persino della distanza in linea d'aria tra i siti.

Per quanto riguarda la cifra che indica la distanza tra *Capitoniana* e *Philosophiana* (XXI), potremmo ipotizzare la perdita di una "X", di una o due o tre "I", oppure la confusione tra "V" e "I" che potrebbe essere giustificata ad esempio da una consunzione del testo. In questo caso avremmo una distanza di XXV miglia (ca. 37 km), che porterebbe ad individuare *Capitoniana* non presso la villa in c.da Castellito, ma presso la c.da Capezzana, località la cui assonanza del toponimo moderno con quello antico è stata sottolineata da numerosi studiosi[183]. Tra l'altro occorre sottolineare che la distanza tra la c.da Capezzana e Catania è di ca. 35 km, perfettamente coincidente con le XXIIII miglia (35,5 km) tràdite per questo tratto dall'*Itinerarium*. La derivazione prediale del toponimo *Capezzana* potrebbe trovare conferma nella località dallo stesso nome presente in Toscana che, secondo la notizia di un documento rinvenuto nell'Archivio di Stato di Firenze, sarebbe attestata già a partire dall'804 d.C.[184]. Sulla possibilità della persistenza toponomastica, Andronico – che pure non accetta l'identificazione di Capezzana con *Capitoniana* per via della mancanza di un qualunque tipo di prova – ammette un possibile passaggio da *Capitoniana* a *Capitiana* e di qui a Capezzana per risoluzione in doppia z del nesso t+j[185]. A tal proposito agli studiosi è sfuggito il toponimo "c.da Capitano", situato non più di 10 km a NE del Castellito di Ramacca, il quale, con le dovute cautele, potrebbe rappresentare una ulteriore forma corrotta dell'originario toponimo prediale (**fig.35**).

La SS 288 corre ca. 2 km a sud della c.da Capezzana – ca. 8 km ad ovest del Castellito – subito dopo avere attraversato la Mass.a Tenutella, per poi deviare nettamente in direzione nord verso il territorio di Castel di Iudica e poi di nuovo ad ovest verso Raddusa. A partire da questo punto, la trazzera 477 non segue più l'andamento della SS 288 ma si dirige a NO verso Aidone, mentre la SS288 si dirige decisamente a nord. Prosecuzione ideale della strada verso SO è invece la SP112 e possiamo ipotizzare che la direttrice antica non fosse dissimile da questa. La SP 112 infatti, come detto, devia verso SO seguendo un percorso quasi obbligato per mantenersi a sud dei monti Calvino (424 m s.l.m.), Toscano (416 m s.l.m.) e S. Croce (571 m s.l.m.) (**fig.36**). La SP 112 si presenta per gran parte del suo percorso come una strada in terra battuta, sebbene per lunghi tratti il manto di terra sia corroso e lasci intravedere la tessitura di un rivestimento stradale in pietre (**fig.37**), forse messo in opera in età borbonica. Le stesse caratteristiche tessiturali sono ravvisabili in un brevissimo tratto di basolato visibile nella stradina che conduce alla villa del Castellito di Ramacca (**fig.38**). Dall'orientamento di quest'ultimo tratto, e dal suo allineamento rispetto al precedente, si potrebbe dedurre che in origine la trazzera si discostasse da quello che è l'odierno percorso della SS 288 per passare leggermente più a nord lambendo l'area della villa.

Superata la c.da Capezzana, la strada si dirige a SO; qui attraversa prima la c.da Ventrelli e subito dopo la c.da Margherito (**fig. 39**). Dalla c.da Ventrelli provengono frammenti ceramici sporadici di età imperiale, ma soprattutto una *tabella* di marmo che riporta l'epitaffio di Abdalas, schiavo di Domitia Longina, moglie di Domiziano (**fig.40**). Una serie di elementi – ovvero l'appellativo *Domitiae Domitiani* riportato nell'iscrizione e la forma delle lettere D, Q ed R – permettono di datare l'iscrizione tra la fine del I sec. d.C. ed il primo terzo del II sec. d.C.[186] Malgrado l'incertezza legata al fatto che il ritrovamento casuale non permette di stabilire se il monumento fosse in giacitura primaria, ciononostante l'epigrafe in questione – oltre al dato relativo ad un possedimento di Domizia Longina in quell'area ed al ruolo che l'allevamento giocò in Sicilia quando la regione perse il suo ruolo primario di fornitrice di grano – indica la presenza di una necropoli o di una singola sepoltura che si può immaginare sorgere lungo un qualche tipo di viabilità[187].

In c.da Margherito, precisamente presso la masseria Torricella, è attestato uno spargimento di materiali di età tardoimperiale[188] associato a cumuli di pietrame, mattoni, tegole e frammenti di cocciopesto, preceduto da una frequentazione della prima età imperiale[189]. Qui la Andronico ha ipotizzato sorgesse la *statio Capitoniana*, sebbene per far quadrare le distanze tràdite dall'*Itinerarium* si debba accettare la possibilità di un doppio errore nelle distanze tra Catania e *Capitoniana* e tra *Capitoniana* e *Philosophiana*, per le quali la studiosa ha proposto una integrazione da XXIV a XXXIV per la prima e da XXI a XXXI per la seconda[190]. Errori di questo tipo, come riporta la Andronico stessa[191], non sono rari nell'*Itinerarium*[192], ma in questo caso dovremmo modificare il dato itinerario per piegarlo ad una evidenza archeologica che non dà informazioni certe sul sito in esame.

---

[183] UGGERI 2004, p. 253; CARACAUSI 1994, p. 285; LI GOTTI 1951, p. 153; HOLM, 1896-1901, p. 484; AMICO, 1759, I, p. 236; MASSA 1707-1709; CHIARANDÀ 1654.
[184] CERRETELLI 1996, p. 321. Vedi anche PIERI 1936 p. 40.
[185] ANDRONICO 1983, pp. 8-9.
[186] SALMIERI 1984, pp. 14-15.
[187] Sull'uso di porre le sepolture lungo le principali strade (*Giov.* Satira I, 170-171 "*experiar quid concedatur in illos quorum Flaminia tegitur cinis atque Latina*") e sui dati archeologici a questo legati, la bibliografia è sterminata.
Per quanto riguarda il caso specifico è forte la suggestione – sebbene solo di suggestione si tratti – di associare l'iscrizione agropastorale di Abdalas ad altre iscrizioni, pur provenienti da possedimenti di Domizia. Da *Peltuinum* infatti provengono non solo numerose iscrizioni funerarie di schiavi e liberti di Domizia (SALMIERI 1984, p. 16), ma anche cippi votivi di carattere agropastorale, come ad esempio le dediche a Silvano (MIGLIORATI 2011-2012, pp. 351-402), che sorgevano lungo la via Claudia Nova nel tratto che poi sarà ricalcato dalla grande via di transumanza che è il Tratturo Magno.
[188] ANDRONICO 1983, pp. 5-25. La studiosa riporta anche la notizia, avuta da agricoltori del luoghi, del ritrovamento di strutture murarie che lei mette in relazione con l'ipotetica presenza di una villa.
[189] BONACINI, TURCO 2015, p. 339.
[190] ANDRONICO, 1983 p. 13-14.
[191] *Ibidem*.
[192] Cfr. WHEELER 1920, pp. 377-382.

La via da Catania ad Agrigento

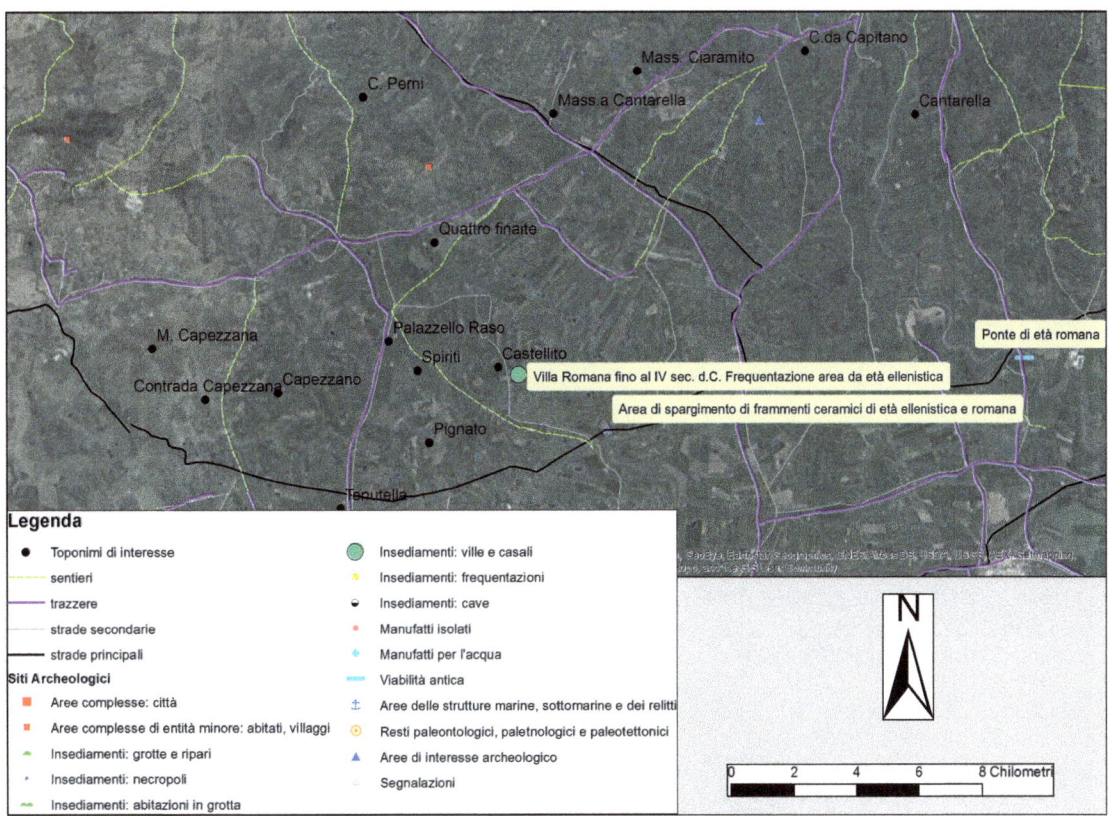

Fig.35: La c.da Capezzana (*immagine di base: Esri, i-cubed, USDA, USGS, AEX, GeoEye, Getmapping, AeroGRID, IGN, IGP, UPR-EGP, and the GIS Community. Elaborazione di M. Sfacteria*).

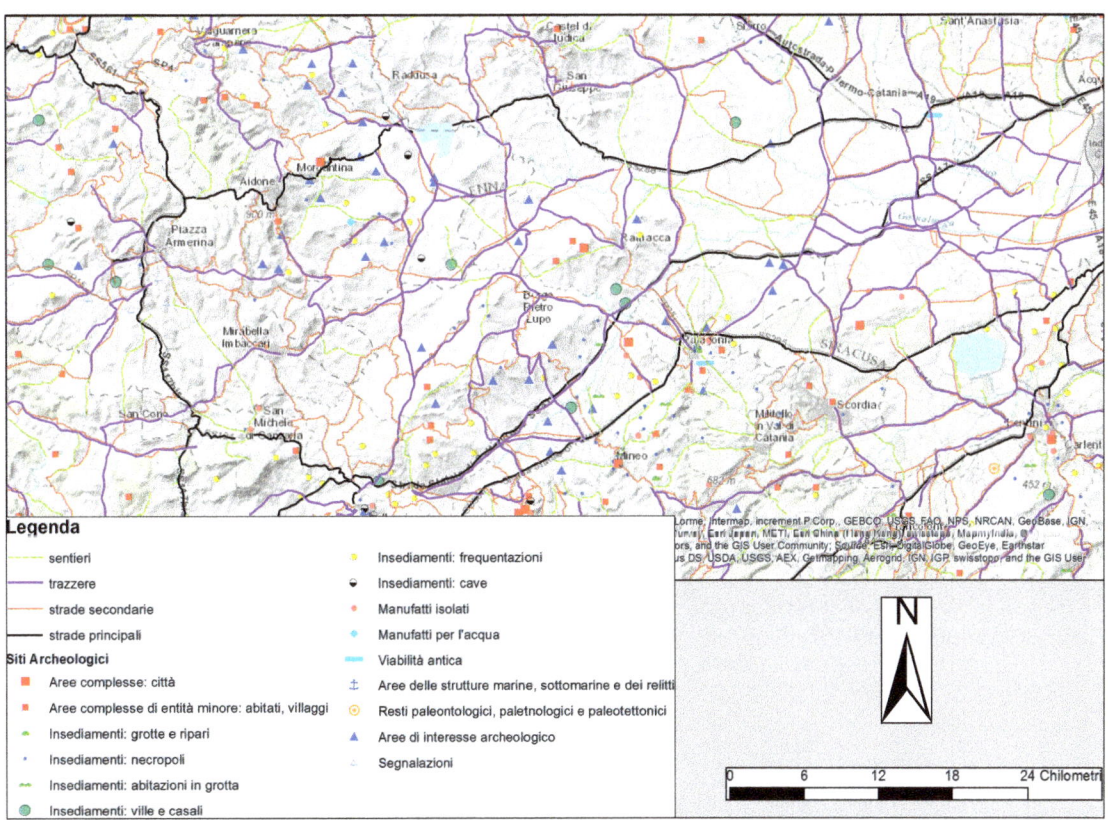

Fig.36: L'entroterra siciliano tra Catania e Piazza Armerina (*immagine di base: Esri, HERE, DeLorme, Intermap, increment P Corp., GEBCO, USGS, FAO, NPS, NRCAN, GeoBase, IGN, Kadaster NL, Ordnance Survey, Esri Japan, METI, Esri China (Hong Kong), swisstopo, MapmyIndia, © OpenStreetMap contributors, and the GIS User Community. Elaborazione di M. Sfacteria*).

*Fig.37: Tracce di basolato presso la SP112
(foto di M. Sfacteria).*

*Fig.38: Tracce di basolato presso il Castellito di Ramacca
(foto di M. Sfacteria).*

La via da Catania ad Agrigento

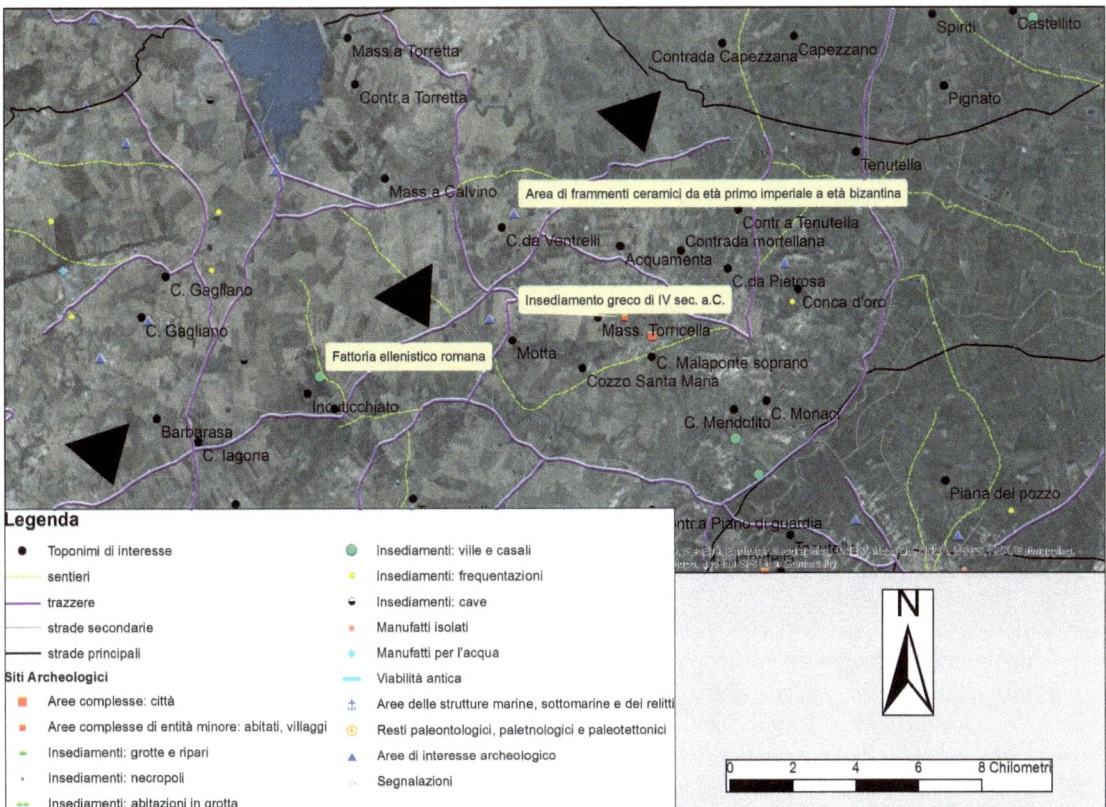

Fig.39: *La prosecuzione della trazzera che attraversa la piana di Catania (immagine di base: Esri, i-cubed, USDA, USGS, AEX, GeoEye, Getmapping, AeroGRID, IGN, IGP, UPR-EGP, and the GIS Community. Elaborazione di M. Sfacteria).*

Fig.40: *Epigrafe di* Abdalas *(da BONACINI, TURCO 2015).*

È probabile a questo punto che la strada proseguisse in direzione SO, secondo l'orientamento dell'attuale SP103 nella quale la SP112 va ad immettersi in località Masseria Ventrelli piccolo; circa 1,5 km a NO di Ventrelli piccolo si trova la località di Cozzo Saitano, presso la quale la Sirena sostiene potesse sorgere la *statio Capitoniana*[193]. L'ipotesi, solamente accennata dalla studiosa, si basa soprattutto sul ritrovamento nell'area di uno spargimento di materiali che lascerebbe presupporre la presenza di una grande fattoria o addirittura di una villa[194].

In ogni caso l'itinerario sopra descritto è ancora una volta un percorso quasi obbligato, data la presenza del M. Crunici (526 m s.l.m.) a nord e dell'altura delle Tre Portelle a sud (487 m s.l.m.). Ulteriore elemento che restringe l'ipotetica area di strada è la presenza del fiume Margherito; ipotizzando infatti un percorso più a sud anche di soli 2 km, data la conformazione del suddetto corso d'acqua presso Casalgismondo – ove, assecondando le pendici delle Tre Portelle subito a sud, il fiume è caratterizzato da una serie di meandri che si protendono verso NO –, dovremmo immaginare un doppio, inutile, guado. Proprio presso la c.da Casalgismondo, precisamente in località Pizzo Incuticchiato, è stato possibile osservare, nei punti in cui il piano in terra battuta della strada bianca che costituisce il prolungamento della SP103 era stato eroso da una pioggia torrenziale, quel basolato – tràdito già dal toponimo del luogo e probabilmente riferibile alla trazzera – che abbiamo ritenuto simile a quello già riconosciuto presso il Castellito (vedi *supra*).

Sempre in c.da Casalgismondo – più di preciso in località Pietrarossa, ca. 500 m a sud della SP 103 – in occasione dei lavori per la costruzione di una diga, sono state indagate delle strutture che avevano permesso di ipotizzare la presenza di una villa rustica[195]. Successive indagini hanno invece spinto gli scavatori ad accantonare questa ipotesi, soprattutto per la presenza di una struttura che è stata identificata come latrina pubblica. Gli scavi finora svolti hanno interessato una fornace per la produzione di ceramica di età augustea, una fase di I-II sec. d.C. – della quale si conoscono i resti di una vasca e parte di un colonnato e della quale farebbe parte anche la latrina –, e poi una serie di frequentazioni (almeno tre) dal III al IV sec. d.C.[196]. Le caratteristiche del sito di Casalgismondo hanno portato gli scavatori ad identificare il sito con la *mansio Capitoniana*, riconoscendovi un sicuro ruolo di stazione di sosta almeno per la fase di I-II sec. d.C.[197]. La vicinanza del sito a quella che ipotizziamo essere l'effettiva direttrice della strada romana, non farebbe che avvalorare l'ipotesi che ci si trovi di fronte ai resti di una *statio*; più problematico risulta affermare che si tratti di *Capitoniana*, in quanto ci troviamo a ca. 47/48 km da Catania (contro i ca. 35,5 km tràditi dall'*Itinerarium* per lo stesso tratto) e a ca. 25 km dal sito di Sofiana (ca. 31 km invece nell'*Itinerarium*). Le cifre quadrerebbero se ipotizzassimo un doppio errore nell'*Itinerarium Antonini*: se infatti – presupponendo un errore che abbiamo visto in precedenza essere molto comune nell'*Itinerarium Antonini* – correggessimo in XXXIIII miglia le XXIII miglia del primo tratto, avremmo una distanza di ca. 50 km tra *Catina* e *Capitoniana*, mentre correggendo in XVI[198] miglia le XXI miglia del secondo tratto, avremmo una distanza tra *Capitoniana* e *Philosophiana* di ca. 23/24 km.

Per quanto riguarda l'identificazione della *statio Capitoniana*, una ulteriore ipotesi – che la vorrebbe in c.da Favarotta/Tenuta Grande, ca. 5 km a SO di Palagonia – è stata di recente proposta da Bonacini[199] che scrive:

> "Si è tentato più volte di collocare *Capitoniana* nel territorio di Ramacca, e non è improbabile che la villa del Castellito…faccia parte dei *praediis Capitonianibus*…Tuttavia, essa risulta essere eccessivamente vicina a Catania, rispetto alle distanze tramandateci: dovremmo pensare ad un errore nella tradizione manoscritta, ma la distanza di circa 28 chilometri corrisponderebbe alle *XIX m. p.* latine. È impensabile che *XIX* sia, per un errore di trascrizione, divenuto *XXIV*."[200]

In realtà, tenendo conto che nell'*Itinerarium*, come nella *Tabula Peutingeriana*, le unità da 1 a 4 sono indicate con il corrispettivo numero di astine, così come da 6 a 9 (segnate dopo il V), l'errore potrebbe consistere nell'avere trascritto XXIIII invece di XVIIII. Naturalmente tale correzione non risolverebbe il problema dell'errata distanza tra *Capitoniana* e *Philosophiana*, anzi ammettere un tale errore di trascrizione significherebbe aumentare ulteriormente il *gap* presente nelle distanze e dovremmo inoltre cercare la *statio Philosophiana* in un'altra località, con annesso slittamento di tutte le distanze tra questa e Agrigento, oppure ipotizzare una serie di errori macroscopici anche nella trascrizione delle altre distanze.

Sebbene determinate esigenze potrebbero avere motivato la scelta di non seguire il percorso più breve, bensì di passare a sud di Palagonia, come ad esempio la presenza di una viabilità più antica legata al centro di culto di *Palikè*[201], va comunque sottolineato come, soprattutto nel tratto che da c.da Favarotta/Tenuta Grande conduce a *Sofiana*, il percorso risulta particolarmente difficile soprattutto per la necessità di superare le alture di Monte Frasca e Tre Portelle, al punto che l'ipotetico percorso più breve sarebbe caratterizzato da pendenze fino al 40%, a meno di non immaginare una netta deviazione verso NNE al fine di costeggiare il fiume Ferro.

---

[193] SIRENA 2012, p. 52.
[194] *Ivi*, p. 48.
[195] BONANNO 2014 pp. 91-105. Rif. a pag. 97 e nota 19 nella stessa pagina.
[196] *Ibidem*.
[197] *Ivi* pp. 97-98.
[198] La confusione tra *V* e *X* è un altro errore particolarmente comune nell'*Itinerarium*. Cfr. ad es. WHEELER 1932, p. 625.
[199] BONACINI 2006; BONACINI 2010.
[200] BONACINI 2010, p. 80.
[201] *Ivi*, p. 81.

3.2. Da *Capitoniana* a *Philosophiana* con ipotesi di viabilità secondaria

Il sito di Casalgismondo è, dal punto di vista geografico, l'ultima ipotetica sede della *mansio Capitoniana*. Da qui in poi il percorso procedeva probabilmente sempre in direzione di Mirabella Imbaccari, forse ancora ricalcato dalla SP103 che superato Pizzo Incuticchiato devia verso NO per innestarsi sulla SP37 (in provincia di Enna). La SP37 a sua volta si dirama verso sud con la SP210, la quale arriva a Mirabella Imbaccari da nord, scavalcando quindi Monte S. Croce (571 m s.l.m.). Che la strada da Catania a S. Cono, passando per Ramacca e Mirabella Imbaccari, fosse una unica trazzera, si può desumere ad esempio dalla Carta Doganale statistica datata al 1843 dell'Archivio Mortillaro di Villarena[202]. Dalla carta risulta anche chiaro, malgrado la piccola scala, come per giungere a Mirabella Imbaccari la strada salga e poi ridiscenda come a scavalcare Monte S. Croce, tradendo forse la derivazione del percorso da una carta più precisa. L'unica anomalia rispetto al percorso da noi descritto consiste nel fatto che la strada della carta doganale attraversa Paternò, ma non sorprende scoprire che da Paternò partiva la trazzera 1 – oggi asfaltata – la quale dirigendosi verso sud si innesta nella trazzera 477 (**fig.41**).

Da Mirabella Imbaccari si può ipotizzare che il percorso si dirigesse verso c.da Torre costeggiando M. Rasalgone[203] e dirigendosi verso c.da Trigona. Tale percorso è in parte suggerito da alcuni allineamenti discontinui di mulattiere e sentieri che seguono un orientamento NE-SO sino alla mass.a dell'Elsa, a partire dalla quale assumono un orientamento SE-NO (**fig.42**).

Occorre, prima di procedere, aprire una breve parentesi per sottolineare come il percorso ottenuto da analisi di *Least Cost Path* si sovrapponga sinora quasi pedissequamente al percorso sopra descritto a partire da Catania, dirigendosi decisamente in direzione SO fino a Mirabella Imbaccari attraversando le località e i siti finora esposti. Proprio all'altezza della Masseria dell'Elsa il percorso creato tramite GIS spezza per dirigersi con decisione a ONO verso Sofiana seguendo, in maniera del tutto indipendente, l'orientamento di una serie di tracce individuate dallo scrivente prima di effettuare l'analisi stessa (**fig.14**).

Alcune di tali tracce costituiscono un allineamento che corre per ca. 6,5 km in direzione SE-NO a partire dalla Mass.a dell'Elsa verso il sito di Sofiana (**fig.43**) e che risulta essere il residuo ormai disconnesso di un sentiero ancora visibile nella cartografia IGM serie 25, foglio 272, levata 1933[204]: l'allineamento è visibile a partire dalla SS 117bis, procede nelle c.de Camemi, Trigona e Savoca, e prosegue sotto forma di sentiero attraversando il Monte Pozzetto sino alla strada provinciale 89B; da qui il sentiero piega in direzione NE-SO e attraversa c.da Bologna per ca. 700 m, procedendo poi come *grass mark* per ca. 400 m, dove nelle foto aeree IGM 1938, S.A.F. 1962 (**fig.44**) e nelle ortofoto 1988-1989 è particolarmente ben visibile una strada bianca poi obliterata. La traccia è stata indagata per ca. 2 km da c.da Camemi fino all'area ad est di Monte Pozzetto. Il tratto indagato è un sentiero di ca. 3 m di larghezza, caratterizzato da un basolato grossolano visibile dove l'erba è più rada (**fig.45** e **fig.46**). L'ultimo tratto della traccia, quello che si diparte dalla strada provinciale 89B, risulta parallelo ad una lottizzazione regolare dei terreni, già notata da La Torre[205], a sud e ad est dell'area di abitato di Sofiana; gli appezzamenti si dispongono in linea con i punti cardinali e presentano misure riconducibili a multipli dello iugero.

L'ipotetico prolungamento di suddetta traccia, inoltre, incrocerebbe la strada bianca che partendo da una fattoria moderna posta ca. 600 m a nord del sito di Sofiana, procede verso sud attraversando i resti dei limiti pomeriali della città, lambendo ad ovest l'area demaniale interessata dagli scavi e ad est il terreno di Case Cannada[206] sino a collegarsi all'attuale strada provinciale 25 (**fig.43**).

Tale percorso potrebbe staccarsi dalla traccia anche qualche decina di metri più ad est, dove è presente un sentiero che procede verso SO, seguendo le irregolarità del lato nord del leggero *plateau* su cui sorge Sofiana, fino a confluire sulla strada proprio nel punto in cui un braccio della stessa si dirige verso la fattoria a nord del sito.

La strada bianca, da questo punto in poi, assume un allineamento perfettamente in asse con le strutture in uso dal I sec. a.C. al III sec. d.C. (**fig.47**); ulteriore indizio è che la distanza che intercorre tra la strada nord-sud definita β[207] e la suddetta, considerando anche l'ingombro stradale, è di ca. 34,70 m, ovvero poco meno di un *actus*; l'ingombro della strada β infatti misura 2,80 m, ma tenendo conto che le strutture lungo il lato ovest della stessa presentano un raddoppiamento dei muri frontali, sembra logico ritenere che in origine la strada fosse larga ca. 3,55 m, ovvero 12 piedi romani, esattamente come gli altri assi stradali rinvenuti durante gli scavi degli anni '90[208].

La strada in questione inoltre presenta per la maggior parte del suo svolgimento una serie non omogenea ma costante di grandi basoli che in alcuni settori fanno chiaramente

---

[202] Questa carta, insieme con le altre dell'Archivio del Catasto Borbonico, è visualizzabile online sul sito http://www.cricd.it.
[203] Alle pendici nord di questo monte, ca. 4 km a NO di Mirabella Imbaccari, in c.da Rasalgone, sorgono i resti di una villa tardo imperiale indagata solo parzialmente, la quale è preceduta da una frequentazione di età greca ed è poi rioccupata in età medievale. Vedi GUZZARDI 2002, pp. 303-304.
[204] Questo percorso in parte ricalca ed in parte corre parallelo, ca. 0,3 km più a sud, ad un'altra serie di anomalie precedentemente riconosciute dallo scrivente e descritte in SFACTERIA 2016b, pp. 32-33, a riprova di una direttrice preferenziale dettata dalla morfologia di questa porzione di territorio.
[205] LA TORRE 1994, p. 101.
[206] Area che ricognizioni e prospezioni magnetometriche effettuate nell'ambito del *Philosophiana Project* hanno dimostrato ricadere all'interno dell'estensione del centro abitato.
[207] LA TORRE 1994, p. 126.
[208] *Ibidem*.

Un approccio integrato al problema della ricostruzione della viabilità romana in Sicilia

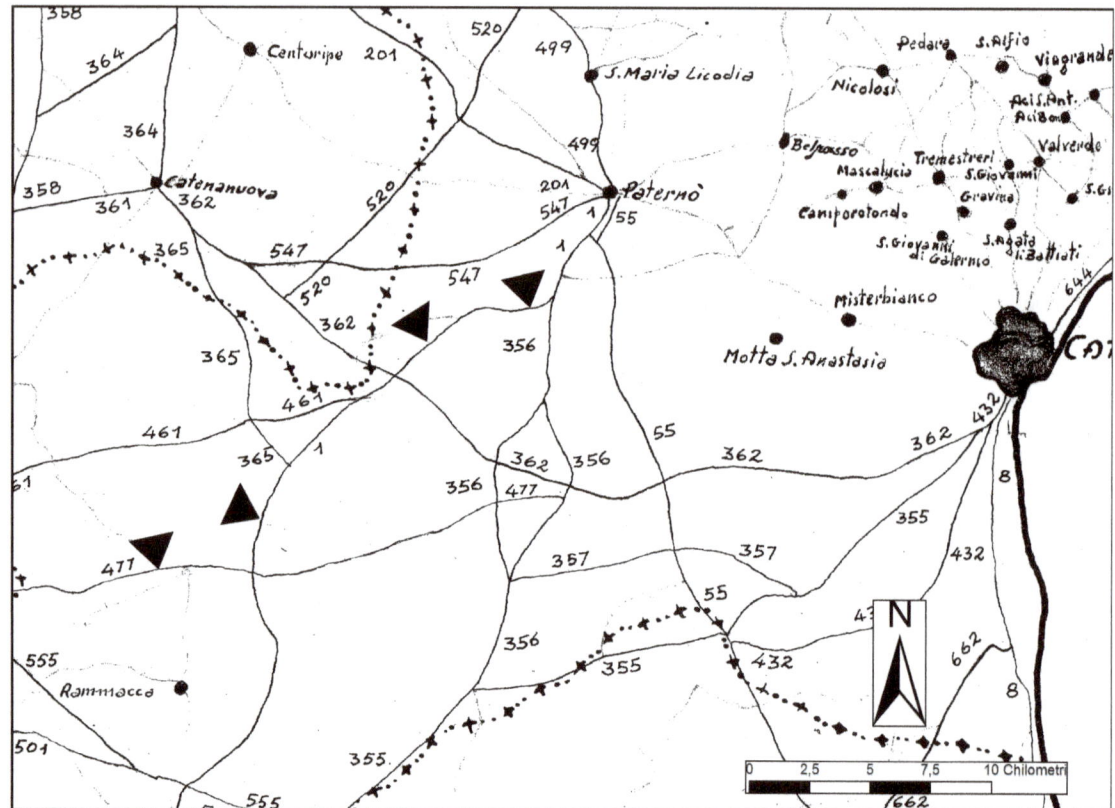

Fig.41: Le trazzere 1 e 477 (carta delle trazzere di Sicilia. Elaborazione di M. Sfacteria).

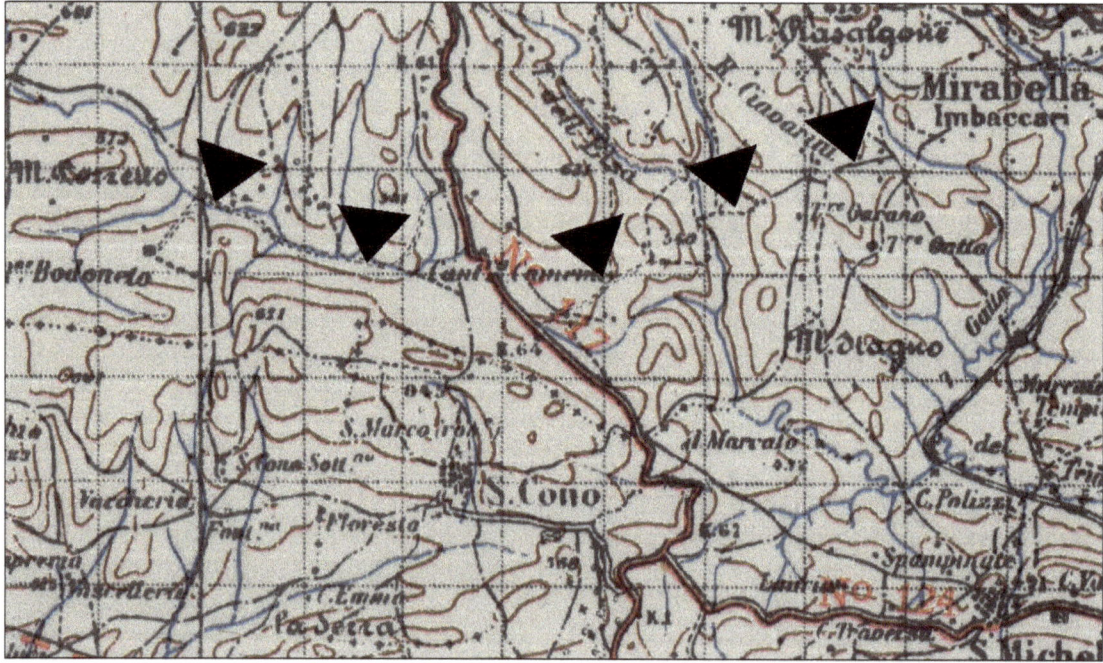

Fig.42: Allineamento di sentieri e mulattiere presso Mirabella Imbaccari. (Foglio 272, 1.100.000, Serie M691, U.S. Army Map Service, 1941. Per gentile concessione delle University of Texas Libraries, The University of Texas at Austin. *Elaborazione di M. Sfacteria.)*

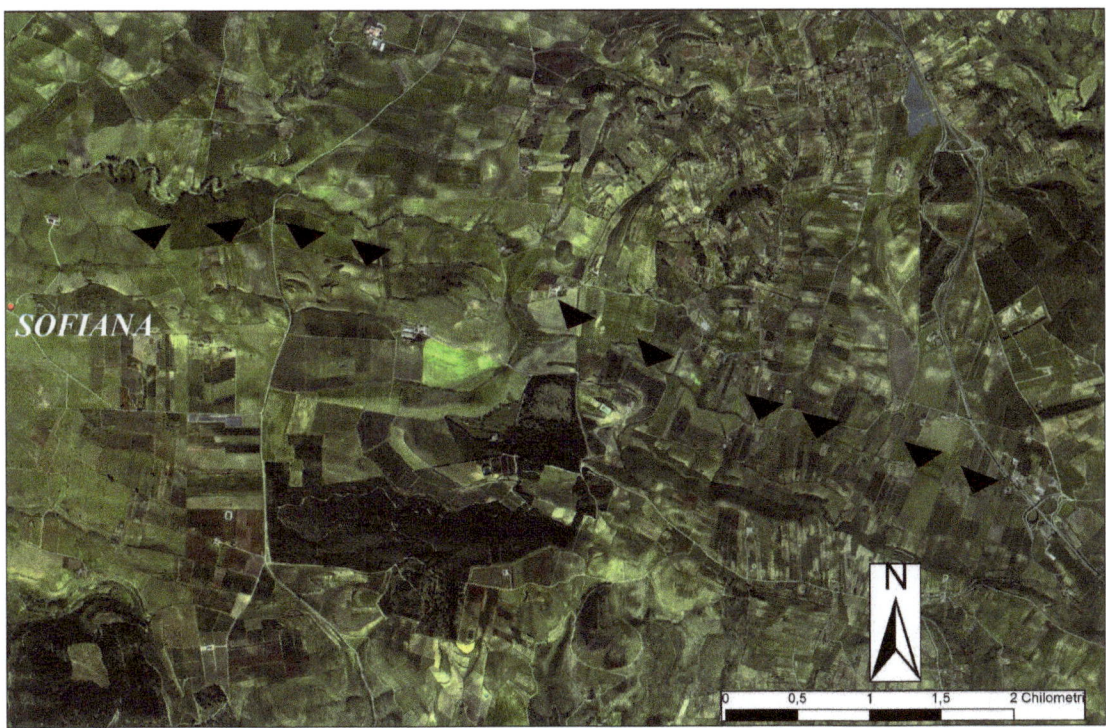

Fig.43: Allineamento di tracce a est di Sofiana (ortofoto AGEA 2012. Elaborazione di M. Sfacteria).

Fig.44: Allineamento a NE di Sofiana
(ICCD-Aerofototeca Nazionale, fondo SAF, volo 1962, foglio 272 strisciata 1, positivi 45-52, negativi 14207-14214.
Su autorizzazione dell'Istituto Centrale per il Catalogo e la Documentazione – MiBACT. Elaborazione di M. Sfacteria).

Fig.45: Veduta da est del sentiero che attraversa Monte Pozzetto (foto di M. Sfacteria).

Fig.46: Particolare del basolato del sentiero (foto di M. Sfacteria).

sistema tra loro e con le lacune tra gli stessi, rendendo ipotizzabile una precedente sistemazione regolare successivamente manomessa (**fig.48**).

Alla luce di queste osservazioni potremmo ipotizzare che la strada bianca che attraversa l'abitato di Sofiana non fosse altro che un diverticolo il quale, distaccandosi dall'asse viario principale, scendeva verso la città assecondando il declivio a nord della stessa, assumendo regolarità rispetto all'impianto urbanistico una volta all'interno dei limiti dell'abitato.

D'altronde già La Torre aveva ipotizzato che uno degli accessi all'insediamento dovesse trovarsi a nord del muro pomeriale[209].

Traccia della suddetta strada risulta anche dalle foto aeree precedenti gli inizi degli scavi Adamesteanu[210], ovvero prima della scoperta stessa del sito di Sofiana. È interessante notare come, soprattutto nelle foto aeree degli anni '30, sia possibile seguire la traccia dirigersi, con un percorso alternativo, verso est fino alle c.se Cannada e da qui lungo un sentiero che, costeggiando quello che doveva essere il limite NE dell'abitato prosegue poi verso NNE – in questo caso particolarmente evidente nelle foto SAF 1962 (**fig.49**) – congiungendosi poi alla SP89b, la quale conduce a Piazza Armerina e, con una breve deviazione verso ovest, alla Villa del Casale.

Un altro spunto interessante è dato dal notare come la strada provinciale 13 attraversi l'area di abitato di Sofiana procedendo in direzione sud-est per ca. 1 km, dopo il quale si dirige verso est e si innesta sul limite meridionale della lottizzazione di cui sopra, finendo con il confluire nella strada provinciale 89B, che da quel punto si dirige dritta verso sud sino all'incrocio dei Quattro Finaiti (toponimo reminescente della presenza di Lombardi – dei quali Piazza Armerina fu, tra le altre, colonia –, seguita alla conquista Normanna dell'isola).

Resta naturalmente il dubbio legato al fatto che non sappiamo con certezza dove fosse la vera e propria *statio*. Questa potrebbe effettivamente trovarsi all'interno delle mura del sito di Sofiana, in prossimità dell'ingresso nord alla città precedentemente descritto[211]; un indizio a favore di tale ipotesi potrebbe essere la presenza di un impianto termale di prima età imperiale in parte indagato nell'area nord dell'abitato a partire dagli scavi del *Philosophiana Project* 2013, ma soprattutto delle terme tardoantiche, le quali sorgono nella porzione settentrionale dell'abitato che sappiamo essere abbandonata verso la fine del III sec. d.C., forse a causa di un evento sismico catastrofico[212].

Una seconda ipotesi riguarda quella che nell'ambito del *Philosophiana Project* è stata definita UT 1[213]; si tratta di un'area di 2,6 ha posta a 20-30 m ca. dal limite SE dell'estensione massima dell'abitato di Sofiana e che presenta una altissima concentrazione di materiale databile tra il IV sec. d.C. ed il VI sec. d.C. La caratteristica di sito fuori le mura la cui vicinanza alle stesse però tradisce una relazione diretta col vicino insediamento, potrebbe suggerire che vi sorgesse una *statio* periurbana[214].

Infine, è possibile supporre che la *statio*, e di conseguenza anche la strada, si trovassero ad una maggiore distanza rispetto al sito di Sofiana. Circa la possibilità che la strada seguisse un percorso più meridionale rispetto all'abitato di Sofiana, dalle ricognizioni *extrasite* non sono emersi dati utili, mentre invece un percorso a nord risulta plausibile seguendo a grandi linee l'andamento SE-NO descritto in precedenza a partire da Mirabella Imbaccari.

Piuttosto però che seguire la traccia già descritta in precedenza – la quale si dirige verso il sito di Sofiana attraversando il monte Pozzetto, mantenendosi sempre 300/400 m ca. alla sinistra idrografica del Nociara –, dovremmo ipotizzare una direttrice che attraversi il torrente Nociara quando questi ridiscende da Piazza Armerina, ovvero poco prima che assuma un assetto est-ovest per dirigersi verso la c.da Minoldo, dove assumerà l'idronimo di Fiume Porcheria. Si può supporre che l'attraversamento avvenisse nei pressi della c.da Cantella dove tutt'oggi il fiume è guadabile ed attraversato da un sentiero; d'altronde il toponimo stesso della località potrebbe suggerire la presenza di un ponte già in antico[215].

Appena superato il guado, 400 m ca. a nord dell'attuale sentiero è stato possibile riconoscere, tramite l'analisi delle immagini satellitari, una serie di anomalie che si estendono su un'area di 2 ha ca. e che potrebbero essere riferibili a strutture, sebbene l'effettiva consistenza di tali osservazioni andrebbe vagliata con ulteriori approfondimenti, *in primis* prospezioni geofisiche (**fig.50**). Questa area è stata indagata tramite ricognizione intensiva e sistematica nel corso di un progetto volto alla ricostruzione della viabilità minore tra la Villa del Casale ed il sito di c.da Sofiana[216]; dalle ricerche non sono emerse tracce di frequentazione rilevanti ma il dato va preso con

---

[209] *Ivi*, p. 108.
[210] Si veda a tal proposito BOWES *et al.* 2011, p. 11, fig. 10.
[211] In maniera non dissimile da altre stazioni urbane come ad esempio nel caso di *Augusta Raurica*, oggi Augst (Svizzera), dove le infrastrutture legate alla stazione di sosta – tra le quali ambienti ad uso termale, tracce di un acquedotto e strutture commerciali – si trovano a ridosso delle mura cittadine, in posizione limitrofa rispetto all'abitato ma lungo la strada che attraverso la porta occidentale conduce all'interno del centro urbano (Cfr. CORSI 2000, p. 80 e bibliografia precedente).
[212] Cfr. LA TORRE 1994, pp. 127-129, dove l'autore mette in relazione la cesura di III sec. d.C. e la successiva costruzione delle terme tardoantiche con la trasformazione dell'ormai abbandonata città dei *Gelani* nella *mansio nunc instituta* di *Philosophiana*, trasformazione della quale una traccia si troverebbe nel passaggio dalla doppia dicitura *Gela sive Philosophianis* dell'itinerario *A traiecto Lilybaeo* alla sola *Philosophianis* della strada *A Catina Agrigento* dell'*Itinerarium Antonini*.
[213] BOWES *et al.* 2011, p. 438.
[214] Cfr. CORSI 2000, p. 181.
[215] Riguardo il toponimo cfr. cap. III.1.4. È interessante – e tanto più suggestiva poiché raccolta solo dopo la formulazione di tale ipotesi – la testimonianza orale di un agricoltore della zona il quale sostiene che dove ora vi è il guado vi fosse un ponte, definito genericamente come "antico", poi abbattuto per riutilizzarne le pietre come materiale da costruzione.
[216] ALFANO, ARRABITO, MURATORE 2012. Ringrazio gli autori per avere condiviso con me la documentazione GIS e i dati inediti relativi alle loro ricognizioni.

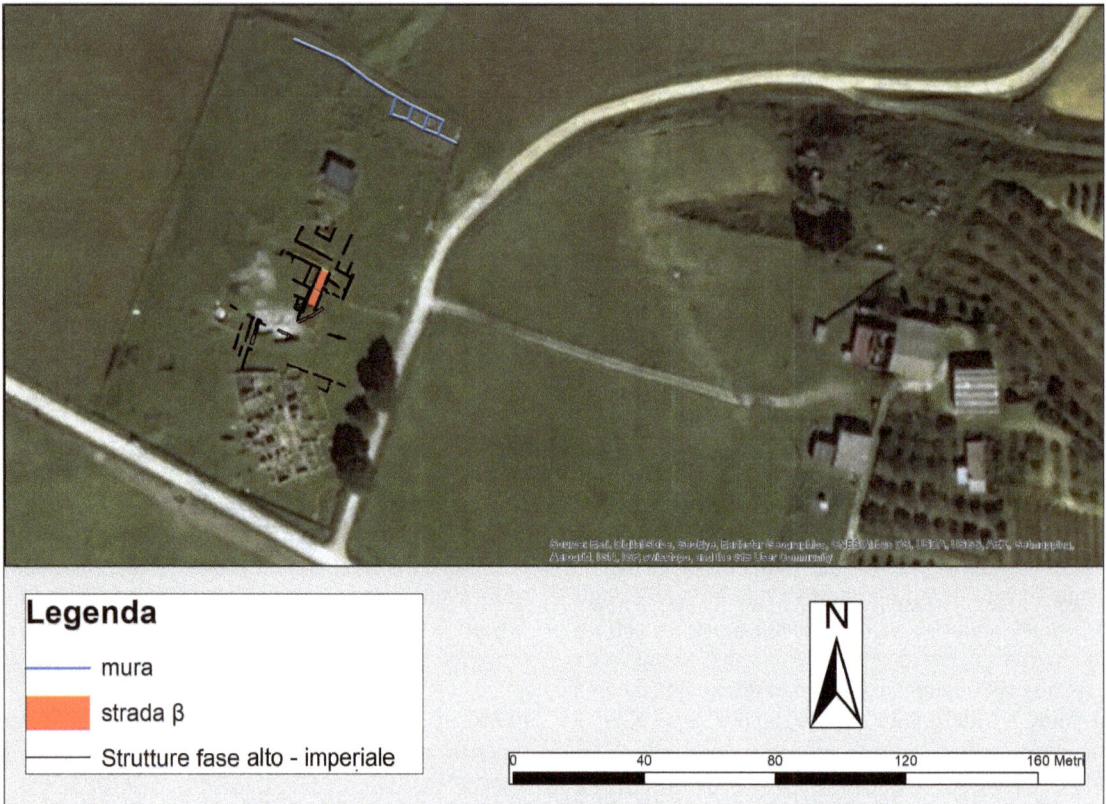

Fig.47: Pianta di fase del sito di Sofiana con la strada bianca che lo attraversa (elaborazione di M. Sfacteria).

Fig.48: Particolare della strada bianca che attraversa il sito di Sofiana (foto di M. Sfacteria).

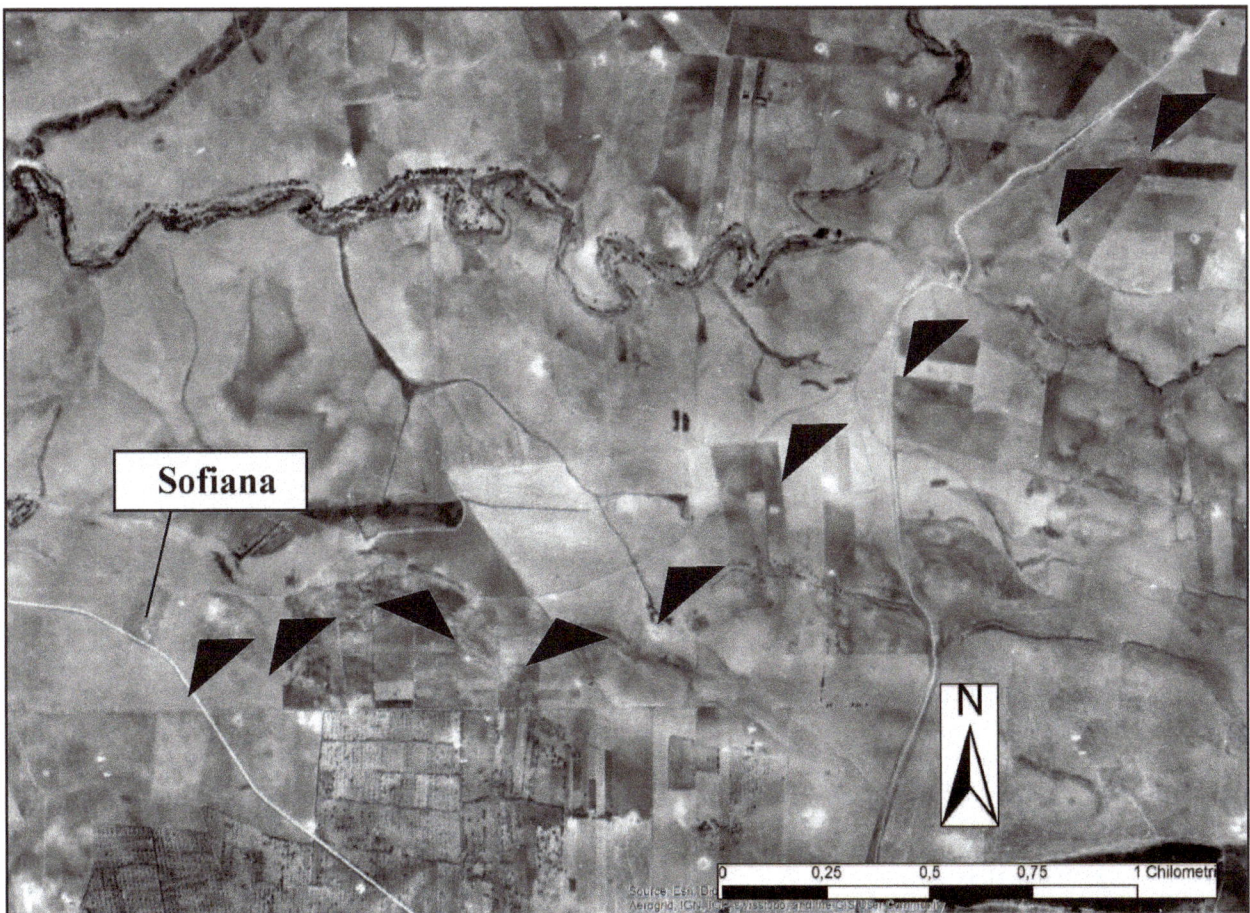

Fig.49: Prolungamento verso nord della strada che attraversa il sito di Sofiana (ICCD-Aerofototeca Nazionale, fondo SAF, volo 1962, foglio 272 strisciata 1, positivi 45-52, negativi 14207-14214.
Su autorizzazione dell'Istituto Centrale per il Catalogo e la Documentazione – MiBACT. Elaborazione di M. Sfacteria).

Fig.50: Anomalie presso la c.da Torre di Pietro (elaborazione di M. Sfacteria).

il beneficio del dubbio in quanto nei terreni in questione, particolarmente rocciosi, negli ultimi venti anni è stata versata terra fertile che in alcuni punti ha rialzato il piano di campagna anche di due metri. Va aggiunto che ci troviamo 1,5 km ca. a sud della masseria fortificata di Torre di Pietro la cui ultima fase è di XVIII sec. d.C. ma il cui areale presenta una frequentazione a partire almeno dal VI sec. d.C.; da qui proviene una grande quantità di quelli che i ricognitori hanno riconosciuto essere pesi ponderali, di un tipo che trova un riscontro anche negli scavi della Villa del Casale[217].

Plausibilmente la strada avrebbe potuto puntare poi verso NO – lungo un percorso oggi frammentato ma rappresentato come unica mulattiera nella Carta Topografica 50.000 del 1925 (F. 268, II) (**fig.51**) – attraverso la C. Giglia, lasciandosi poi i monti Alzacuda e Schinoso a sud e lambendo le pendici meridionali del monte Navone per raggiungere la c.da Navonello, passando per le località di c.da Scalisa e passo di Mastro Diego, anche in questo caso entrambi toponimi pregnanti. Sul Monte Navone insiste un sito, purtroppo ancora scarsamente indagato, caratterizzato da necropoli arcaiche, fortificazioni ad aggere ed un abitato occupato a partire dal VI sec. a.C. fino al XIII sec. d.C.[218]. Traccia della presenza di tale tratto di viabilità, infine, può forse ricavarsi da una attenta lettura della Donazione di Manfredi di Policastro alla Chiesa di Maria SS. Del Mazzaro, datato al 1154[219] e del quale si riporta uno stralcio:

> "...a septemtrione terram, quae montes habet prope Casale, sicut ex omni parte ab eis pluvialis aquae descendit, usquae ad inferiorem planitiem ex omni parte. Hii montes cum collibus collateralisbus et planiciebus suis confusi sunt ex omni parte. Nam ab oriente et viam quod vadit ad collonatum et labores, et inde sunt cavae et quasi rupes, et inde vadit per faciem meridiei; per quam viam et per quodam conductum aquae in plana planicies. Et similiter vadit quasi contra occidentem per ipsam viam et per idem conductum iusta gebiam colligendae aquae iusta viam pubblicam quae conducit ad Favaram et Buteram, et inde revolvit per facies occidenti set septemtrionis et vadit contra occidentem versus Casale Nazareni, per magnam viam pubblicam quae ducit ad Favaram et Buteram justa praedictum Piratum, et juxta predictam terram Ecclesiasiae, et inde jiuxta terra predictam Petri Carusi et terram filiorum Joannis Calabriae, et inde per planam plani etiam vadit contra orientem, ad supradictam viam, et per eadem versus meridiem usque ad coltonatum in qua sunt cavae et quasi rupes, quas praediximus ... Dono similiter ipsi Ecclesiae ipsam terram prope ipsum molendinum; quae terra per se est super flumine et sub via"

Dal testo si deduce che l'area di cui si sta parlando è quella del territorio a sud di Piazza Armerina, si fa infatti chiaro riferimento al monte Casale ed al fiume che da lì discende, ovvero il Nociara, ma soprattutto si fa riferimento alla deviazione del fiume verso occidente in direzione di Mazzarino. Tale deviazione avviene, come abbiamo visto, proprio nell'area descritta sopra, ovvero 1,7 km ca. a nord del sito di Sofiana e 1,5 km ca. a sud del sito di Torre di Pietro. Inoltre dal testo apprendiamo che l'acqua va verso occidente seguendo da vicino *magnam viam pubblicam quae ducit ad Favaram et Buteram*. Sempre in riferimento ai terreni di questa zona – ce ne dà conferma, poco dopo, la menzione di una *silva Sofianae* – il testo cita le terre che stanno a nord del fiume (il Nociara dopo avere deviato verso occidente) ma a sud della via, la quale a sua volta deve trovarsi nel territorio a sud del Monte Casale.

Resta il problema legato al fatto che la strada conduceva *ad Favaram et Buteram*. Non vi sono dubbi di attribuzione per Butera, la *Būtīrah* araba, tra gli ultimi baluardi bizantini ad essere conquistati dagli arabi, passata poi in mano normanna e configuratasi in questo periodo come centro nevralgico di un comprensorio che dai territori tra la futura *Platia* ed il Braemi, giungeva fino alla costa meridionale dell'isola, delimitato a ovest dal Salso e ad est dal Dirillo[220]. Butera si trova ca. 15 km a sud di Mazzarino, quindi fuori asse rispetto all'area di strada della Catania-Agrigento romana, ma è lecito ipotizzare che, in una fitta maglia di percorsi, la *magna via publica* ricalcasse solo in parte la viabilità principale precedente, o che dalla stessa si potessero diramare altre strade, tra cui uno o più percorsi verso sud.

Più problematico il discorso relativo all'altra località, ma è difficile immaginare si tratti dell'odierna Favara e del suo territorio: sebbene infatti gli scavi in c.da Saraceno, al limite nord dell'abitato, presentino tracce di una frequentazione araba e normanna[221], circa il toponimo non abbiamo dati precedenti il XIII sec. d.C., dove questo è citato in riferimento ad un casale[222].

Ultima, forse illuminante, notazione è che la mulattiera visibile nella cartografia del 1925 (**fig.52**) si diparte dai resti di un sentiero, detto passo delle Carrozze, che oggi corre per circa 3 km in senso NS dal territorio a sud della Villa del Casale sino a 500 m a nord del fiume Nociara. Osservando invece la carta 25.000 prodotta nel 1943 dall'esercito degli USA – ma ricavata in parte dalla Carta Topografica 50.000 del 1885 (F. 272 I) – e la Carta Topografica 50.000 del 1925 (F. 268, II) (**fig.53**), riprodotta anch'essa dall'U.S. Map Service, è possibile seguire tale sentiero, segnato ancora nella carta come

---

[217] *Ivi*, p. 707.
[218] Vedi ADAMESTEANU 1962; GENTILI 1969; ARENA, ADAMO 2012, pp. 56-59 e bibliografia precedente.
[219] Cfr. *supra* Cap. III.1.1.
[220] Vedi FIORILLA 2004.
[221] CASTELLANA, MC CONNELL 1990, p. 36.
[222] MAURICI 1993, p. 47.

strada carrozzabile: questa ha origine ai limiti meridionali dell'attuale abitato di Piazza Armerina, si dirige verso ovest e poi verso sud costeggiando i fianchi settentrionale e occidentale del monte Mangone per poi passare a ca. 500 m dalla Villa del Casale; da qui procede con netta direzione sud giungendo a Torre di Pietro – da dove si diparte il sentiero che conduce a Barrafranca – e poi ancora a sud attraversando il Nociara e giungendo in c.da Sofiana, lungo l'attuale tratto di strada bianca allineato con le strutture di età repubblicana che, è bene ricordarlo, sono state portate alla luce solo nella seconda metà del secolo scorso. La strada carrozzabile a questo punto procedeva verso SO passando a circa 200 metri dalla basilica paleocristiana di Sofiana. La chiesa, orientata in senso NO-SE, nasce come *martyrion* nella prima metà del IV sec. d.C. e vede nel VI sec. d.C. la costruzione di quello che sarà l'ambiente centrale della struttura, al quale si aggiungono nel VII sec. due navate laterali. In età medievale infine viene aggiunto un piccolo nartece[223], mentre la necropoli *sub divo* che si sviluppa attorno all'abside della chiesa viene fatta risalire al VI sec. d.C.[224].

La strada carrozzabile, superata la basilica, procede in direzione SO congiungendosi con la trazzera Mazzarino-Caltagirone, come d'altronde si può osservare anche nella *Pianta topografica del territorio di Mazzarino* dell'architetto Ignazio Margani del 1829, custodita presso l'Archivio di Stato di Palermo.

È ipotizzabile che questa strada carrozzabile ricalcasse un tracciato più antico o comunque ne occupasse la stessa area di strada, come suggerisce il fatto che tale percorso è il più breve per arrivare a Mazzarino. La prima attestazione ufficiale relativa al territorio ove sorgerà la città di Mazzarino risale al 1143, quando Manfredi di Policastro, discendente del Gran Conte Ruggero, concede alla chiesa di Siracusa il controllo sul suddetto territorio. Al 1154 risalirebbe, invece, la suddetta donazione da parte dello stesso Manfredi dei territori del comprensorio alla chiesa del Mazzaro[225]. Non è chiaro se il nucleo urbano di Mazzarino fosse già esistente, ed anche per quanto riguarda il castello, detto "u cannuni", l'unico aggancio per un suo inquadramento cronologico – in mancanza di uno studio approfondito del monumento –, è il *terminus ante quem* fornito dalla notizia del suo acquisto da parte di Stefano Branciforti nell'ultimo ventennio del XIII secolo[226].

Occorre, a questo punto, considerare che ca. 1 km a sud dell'abitato medievale di Mazzarino, in località S. Salvatore, insiste in sito che si configura di particolare interesse per meglio comprendere le dinamiche insediative dell'area in questione. Dal punto di vista morfologico la c.da S. Salvatore si presenta come una piana leggermente depressa rispetto al territorio circostante, caratterizzata da un leggero rilievo ove sorge l'omonima chiesa di VI-VII sec. d.C., ed un rilievo poco maggiore a SE del suddetto, in declivio verso la località Piano e il Vallone Raffo.

L'area era già in precedenza stata interessata da ritrovamenti archeologici. Lo storico locale Pietro di Giorgio Ingala[227], nel 1900, dà notizia del ritrovamento, avvenuto 7 anni prima, di quattro tombe 600 m a NO della chiesa di S. Salvatore; secondo l'autore si tratterebbe della necropoli della città romana di Macarina che egli, insieme con altri[228], sulla scorta della Geografia di Claudio Tolomeo e di alcuni passi delle *Verrine*, sostiene sorgesse in questo luogo.

A proposito di questa identificazione è necessario un breve e parziale approfondimento: Claudio Tolomeo, geografo, astrologo e astronomo greco vissuto nel II sec. d.C., nella sua *Geografia* presenta un elenco di circa 8000 località e le "istruzioni" per disegnare una carta del mondo allora conosciuto. I suoi scritti furono ritrovati nel '400 e, malgrado gli errori macroscopici nelle misurazioni, diedero un forte impulso allo sviluppo della navigazione cui seguì il periodo delle grandi esplorazioni. Come detto, le misurazioni sono spesso sbagliate, ma non vi sarebbe ragione di dubitare della correttezza dei toponimi, se non fosse che nel corso delle varie edizioni, soprattutto le meno risalenti nel tempo, vi è stata una volontaria modifica di molti di essi, i quali a partire da un determinato momento non vennero più considerati affidabili. Per quanto riguarda il toponimo "Macarina", questo non compare nelle edizioni dei secoli XVI e XVII d.C.; compare invece *Imicora* (ad esempio nell'edizione della *Geografia* tradotta da Girolamo Ruscelli nel 1561) o *Imichara* (come nell'edizione di Gerard Kremer, ovvero Mercatore, datata al 1578).

Per quanto riguarda Cicerone, nel Libro III delle *Verrine* egli nomina il *Macarensis* o *Macharensis ager*, dopo quello *Harbitensis*, *Hennensis*, *Murgentinus* e *Assorinus* e prima di quello *Agirensis*. Effettivamente, a prima vista, in questo passo Cicerone fa un resoconto della situazione trovata visitando le campagne siciliane a distanza di quattro anni dal suo ultimo soggiorno nella Provincia, e l'ordine di citazione di alcune delle località sembrerebbe suggerire una sequenzialità geografica, così come il successivo accenno alla campagna attorno all'Etna e poi giù di nuovo nella piana di Lentini. Vero è che Cicerone nomina Enna, Assoro ed Egira come in un ipotetico percorso da SO a NE, ma con una netta deviazione dopo Enna giù verso Murganzia per poi risalire verso Assoro, poi ancora verso il territorio attorno all'Etna e di nuovo verso sud; ma anche interpretando quella di Cicerone come un mappa mentale, è chiaro come l'attenzione sia focalizzata sull'area centro orientale dell'Isola, ove la localizzazione della *Imachara* di Tolomeo sarebbe ben meno fuori luogo rispetto al territorio Mazzarinese, posto più ad ovest.

---

[223] BONACASA CARRA 2002, pp. 108-109.
[224] ADAMESTEANU 1963, pp. 265-271. BONACASA CARRA 2002, pp. 108-109.
[225] Per un breve inquadramento storico ed architettonico della città di Mazzarino si veda GAROFALO 2009, pp. 19-26.

[226] SCUTO 1990, p. 169.
[227] DI GIORGIO INGALA 1900, p. 47.
[228] Vedi la voce "Mazarino" in AMICO 1856.

Nell'area immediatamente a nord della chiesa di S. Salvatore – la quale dà il nome alla contrada – e più precisamente in c.da Minnelli, due campagne di scavo, condotte dalla Dott.ssa Panvini alla fine degli anni '90 del secolo scorso, hanno portato alla luce un livello abitativo in uso dal II fino al V sec. d.C., sul quale si imposta una fase di VI-VII sec. d.C.[229]

Già la Panvini alla luce di tali scoperte aveva ipotizzato l'esistenza di una viabilità che collegasse il sito di *Philosophiana* al coevo sito in c.da Minnelli.

Le attività di ricognizione e le prospezioni magnetometriche effettuate dallo scrivente (vedi *supra* III, 4 e III, 5) hanno confermato una occupazione dell'area che sembra protrarsi senza soluzione di continuità fino al XVII sec. d.C., mostrando uno sviluppo che si può definire parallelo a quello di Sofiana ma che si protrae ben oltre l'abbandono di quest'ultimo sito.

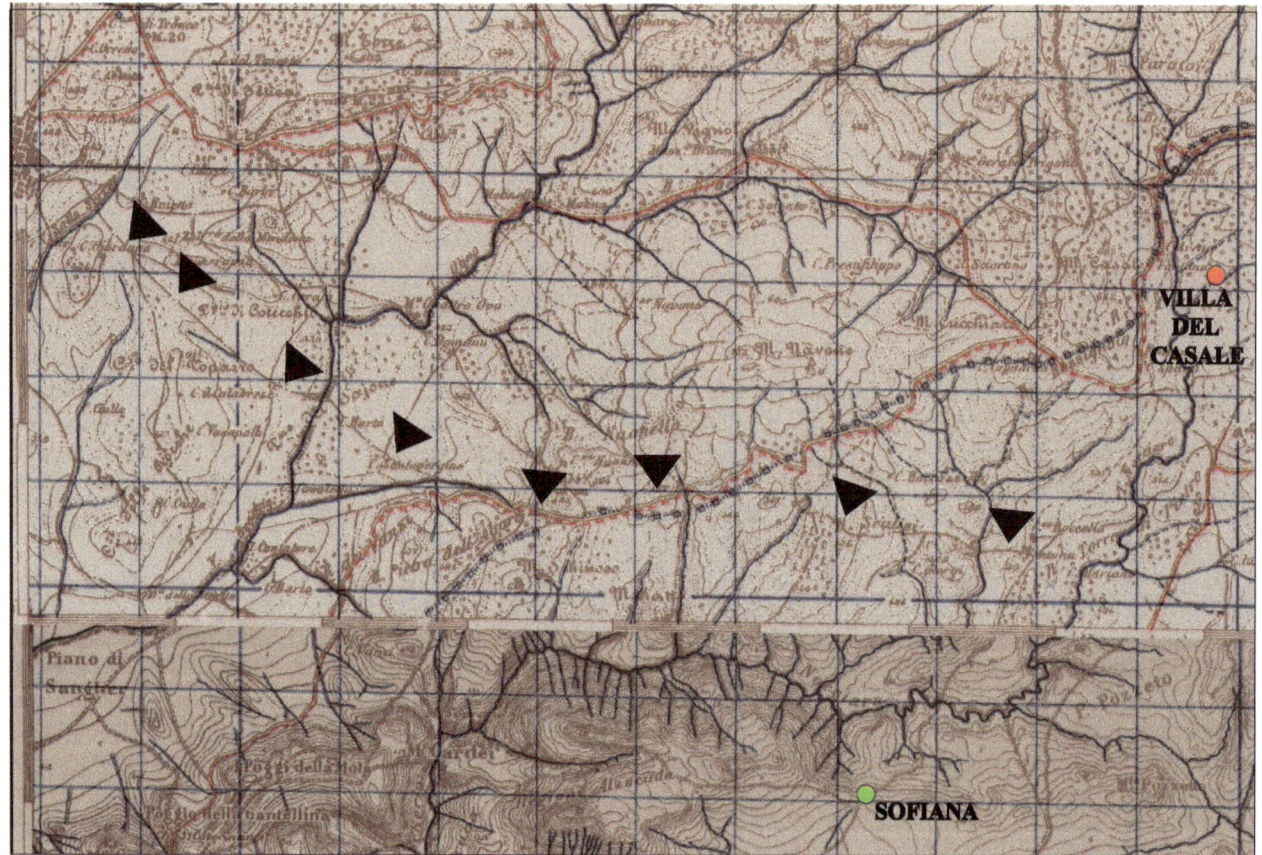

Fig.51: Mulattiera visibile nella Carta Topografica 50.000 del 1925 (F. 268, II) (per gentile concessione delle University of Texas Libraries, The University of Texas at Austin. *Elaborazione di M. Sfacteria).*

---

[229] PANVINI, 2002; PANVINI, 2004.

Fig.52: Estensione odierna del Passo delle Carrozze (elaborazione di M. Sfacteria).

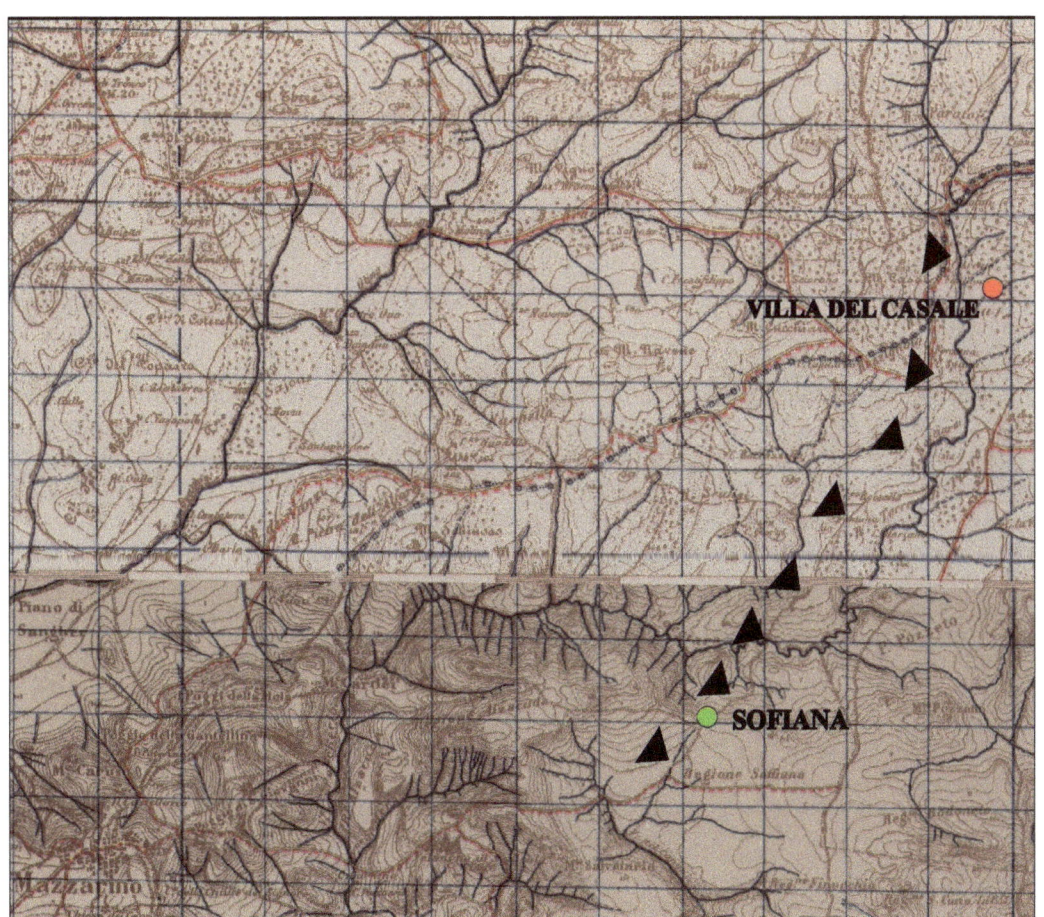

Fig.53: Il Passo delle Carrozze nella cartografia dell'Army Map Service (carte in scala 50.000, fogli 272-I e 268-2, per gentile concessione delle University of Texas Libraries, The University of Texas at Austin. *Elaborazione di M. Sfacteria).*

3.3. Da *Philosophiana* a *Calloniana* (e *Petiliana*?)

Come detto precedentemente, il percorso da Catania ad Agrigento compare due volte nell'*Itinerarium Antonini*. Il tratto da *Catina* a *Philosophiana* è uguale in entrambi – salvo la doppia denominazione *Gela sive Philosophianis* presente nell'itinerario *A Traiecto Lilybeo*, sostituito dal solo *Philosophianis* nell'itinerario *a Catina Agrigentum mansionibus nunc institutis* – mentre il tratto successivo presenta un'unica tappa sino ad Agrigento nel primo itinerario, ovvero *Petiliana*, e due nel secondo, ovvero *Calloniana* e *Corconiana*. Tale discrepanza è stata il più delle volte interpretata come prova di una possibile biforcazione della strada dopo avere superato la *mansio Philosophiana*[230], sebbene prove effettive al riguardo non ve ne siano.

Riguardo la differenza nella distanza tra *Philosophiana* e Agrigento nei due tragitti – 45 *milia passuum* nel primo e 46 *milia passuum* nel secondo –, un solo miglio non basta a giustificare due strade diverse, soprattutto se si tengono in considerazione le varie possibilità di errori già viste in precedenza e tenendo conto che il percorso totale sembra già di per sé impreciso in entrambi gli itinerari. Inoltre anche in altre circostanze un doppio percorso presente nell'*Itinerarium* è risultato in un unico percorso sul terreno[231]. L'ipotesi che si tratti di uno e non di due percorsi potrebbe presupporre che, se effettivamente l'archetipo dell'*Itinerarium* fu una carta itineraria[232], questo doppio percorso derivi da due carte e/o altre fonti distinte, come d'altronde è stato già ipotizzato per quanto riguarda altri tratti dell'*Itinerarium*[233], anche se la distinzione, in un unico percorso, delle *mansiones nunc institutae* sarebbe potuta avvenire semplicemente sulla base di una annotazione o dell'utilizzo di simboli specifici[234].

Il tratto da *Philosophiana* a *Calloniana* è difficilmente ricostruibile, principalmente perché non sappiamo dove si trovasse quest'ultima. Abbiamo visto come le varie ipotesi relative al passaggio per *Philosophiana* ed al superamento della stessa, convergono in c.da Stretto – toponimo riferibile ad una effettivo passaggio – dove tutt'oggi è possibile guadare il fiume. Pur non avendo riferimenti più precisi per la ricostruzione di questo tratto, una ipotesi è che la strada procedesse costeggiando a nord il corso del fiume Braemi, forse secondo lo stesso percorso ricostruibile seguendo una trazzera ed un sentiero riportati nella carta della viabilità del Piano Paesaggistico Territoriale ed in parte indagati dallo scrivente. Tale percorso passa a nord di Borgo Gallitano[235] e da qui ricalca la SP32 la quale attraversa Roba Vecchia – toponimo forse riferibile ad un insediamento – per poi entrare nell'abitato di Sommatino da NE.

Un'altra ipotesi di percorso, già suggerita da Paladino[236], è quella secondo cui la strada antica sarebbe ricalcata dalla Regia Trazzera 637 Barrafranca-Delia. Effettivamente si potrebbe immaginare che il nostro percorso, dopo avere costeggiato le pendici meridionali del Monte Navone, si dirigesse verso NO in direzione di Barrafranca e poi di nuovo verso SO – sebbene, come vedremo, non seguendo la Regia Trazzera –, scavalcando così l'area compresa tra l'altura di Barrafranca e la destra idrografica del torrente Braemi che, fatto salvo il sentiero precedentemente descritto, non è un territorio di agevole percorrenza per via dei numerosi torrenti che confluiscono nel fiume.

Dunque, come abbiamo detto, possiamo immaginare un percorso che dalle pendici meridionali del Monte Navone saliva verso Barrafranca, probabilmente seguendo l'orientamento del rettifilo della moderna SP15, che nel suo percorso taglia delle parcellizzazioni precedenti, ma che nella Carta Topografica IGM levata 1885, 1933 e ancora 1967 mostra un andamento spezzato rispettato dai confini parcellari e compare già nella carta del territorio di Barrafranca del Catasto Borbonico (**fig.54**). Tale strada passa qualche centinaio di metri a sud di c.zo Cuticchio, toponimo reminiscente della presenza di un ciottolato, e corre meno di un km a nord di quella che in cartografia IGM è segnata come c.da Sciornino ma che chi è del luogo sa chiamarsi Sfornino o Fornino[237] e dalla quale provengono tracce di frequentazione arcaica[238]. La strada prosegue poi entrando nell'abitato di Barrafranca e procede nella Via Canale; su questa insiste la Piazza Fratelli Messina, dove furono rinvenute monete bizantine in associazione con altro materiale e nei pressi della quale sorgeva una necropoli *sub divo*[239]. Da qui si può immaginare che la strada seguisse il percorso della odierna strada regionale 13 per Sommatino, la quale a sua

---

[230] Cfr. da ultimo UGGERI 2004, pp. 255-266.
[231] Cfr. ad esempio il tratto da *Tarraco* a *Virovesca* nella valle dell'Ebro, in ARINO GIL *et al.* 1991, pp. 243-244.
[232] CALZOLARI 1996, p. 379-380.
[233] *Ivi*, p. 384-385.
[234] Per quanto riguarda la simbologia della *Tabula Peutingeriana*, Annalina e Mario Levi (LEVI 1967) hanno tentato di dimostrare come la varietà dei simboli che caratterizzano i luoghi citati nella mappa indicasse i vari livelli della qualità dei servizi offerti al viaggiatore, sebbene di recente Richard J.A. Talbert abbia avanzato dubbi sulla possibilità di riconoscere una tale distinzione e, più in generale, sulla effettiva utilità pratica della *Tabula* (TALBERT 2010, pp. 117-122).
[235] Ci troviamo qui nel territorio dell'ex feudo Gallitano, secondo Uggeri toponimo prediale derivante da *Gallitta* (UGGERI 1996, p. 40). Sebbene la relativa vicinanza territoriale del feudo Gallitano a quelli che dovevano essere i *praedia Corconiana/Cosconiana* (UGGERI 1996, p. 39) richiami in maniera suggestiva alla mente *Cosconia Gallitta*, matrigna di Lucio Elio Seiano (sulla quale vedi ad es. KAJAVA 1995), è altrettanto suggestiva una variante del toponimo, presente nella stessa area, presso il guado del fiume Braemi, ovvero "Callitano". Il termine *callitanus* indica infatti specificatamente il pastore transumante (*ThLL*, s.v., c. 1750; CHELOTTI 1996, p. 10) e, sebbene raramente, ne è attestato anche l'utilizzo onomastico, ad esempio in una stele funeraria da Castelnuovo della Daunia – datata nei primi tre secoli dell'impero -, sempre in un ambito che rimanda alle attività della transumanza (vedi RUSSI 1986). Il termine sembra non riferirsi tra l'altro solo ad una fascia umile della popolazione, come dimostrerebbe ad esempio l'iscrizione funeraria, proveniente da San Martino in Pensilis, databile al I d.C. (vedi CEGLIA 2008; GIANCOLA 2013, pp. 19-20) e dedicata a *Calavius Buttius Callitanus* dalla illustre *gens Calavia*.
[236] PALADINO 2007.
[237] LI GOTTI 1960, p. 8.
[238] *Ibidem*.
[239] *Ivi*, p. 9.

volta ripercorre la trazzera Barrafranca-Sommatino[240]. La strada passa a sud della c.da Vicario (**fig. 55**), dove sono stati trovati numerosi tegoloni e ceramica di varie epoche, come vernice nera, sigillata e ceramica bizantina oltre ad alcune monete tra le quali un bronzo di Valeriano ed un bronzo di Gallieno[241], ma soprattutto una necropoli costituita da più di duecento tombe con una cronologia che dall'età greca giunge all'età romana e tardoantica[242].

Alla luce di tali evidenze Li Gotti – infaticabile ricercatore che sebbene non archeologo di professione, tanto ha dato soprattutto per l'archeologia del territorio compreso tra Piazza Armerina e Sommatino – sosteneva che proprio presso case Vicario sorgesse la *mansio Calloniana*[243]. Ritrovamenti sporadici di cronologia incerta si hanno anche poco a sud della strada, in c.da Sciorino, dalla quale proviene anche una lucerna tardoromana[244]. La strada regionale 13 si interrompe quando incrocia ortogonalmente la SP10 presso Galati Nuovo, da dove provengono materiali bizantini ed un bronzo di Gallieno. Circa 700 m prima di raggiungere Galati Nuovo è possibile seguire una mulattiera (**fig. 56**) la quale conduce verso borgo Gallitano, a partire dal quale è ricalcata dalla SP32 che giunge a Sommatino seguendo un percorso che verrà descritto a breve.

Circa l'identificazione di *Calloniana*, la Paladino[245] – che come abbiamo visto ipotizza un percorso leggermente più a nord, lungo la trazzera 637 Barrafranca-Delia – suggerisce che questa potesse trovarsi in località Marcato Bianco, lungo la trazzera e circa 2 km a nord di Sommatino. Qui la studiosa ha individuato un ricco spargimento di materiali che testimoniano una frequentazione del sito già in età ellenistica ma soprattutto tra l'età augustea e il tardo impero, oltre a strutture in opera poligonale e bolli GALB.

Entrambe le proposte di identificazione della *mansio Calloniana* qui proposte risultano credibili, soprattutto tenendo presente che in entrambi i casi le distanze rispetto ai siti noti coincidono quasi perfettamente. Considerando giuste le distanze dell'*Itinerarium Antonini* calcolate a partire da Catania e da Agrigento, *Calloniana* dovrebbe trovarsi pressappoco dove insiste l'attuale abitato di Sommatino, ma i conti non tornano se si calcola la distanza dal sito di Sofiana: se infatti nell'*Itinerarium* la distanza tra *Philosophiana* e *Calloniana* è di 21 *milia passuum*, ovvero circa 31 km, la distanza reale tra i due centri si aggira attorno ai 26/28 km[246].

In ogni caso solo un ulteriore approfondimento delle ricerche potrebbe dare una risposta, soprattutto in funzione della necessità di individuare delle strutture che facciano luce sulla tipologia degli insediamenti.

Prima di passare al prossimo tratto di strada, occorre approfondire un aspetto della ipotesi proposta dalla Paladino, ovvero quello relativo al territorio di Delia. L'assunto che la strada antica sia ricalcata dalla trazzera 637, è in parte suffragato dall'autrice con il riconoscimento della cittadina quale epicentro dei *praedia Petiliana*[247]. L'identificazione di Delia con *Petiliana*, oltre che sulla base della corrispondenza delle distanze rispetto a quelle tradite dall'*It Ant.*, trae origine da una testimonianza risalente al XVII secolo[248], tràdita dall'Amico che scrive: "*Petrus Carrera Petiliana, ubi Delia recens est opidulum locat; prope enim Hospitatoria taberna adhuc Petiliana appellatur*" [249]. Pietro Carrera (1573-1647), sacerdote, è famoso soprattutto per avere scritto *Il gioco de gli scacchi di D. Pietro Carrera diviso in otto libri*, manuale nel quale riversò le sue conoscenze di abile scacchista. Ma Pietro Carrera era anche un falsario, che non ebbe remore a mistificare le fonti[250] per soddisfare il senato cittadino di Catania, il quale gli aveva richiesto di scrivere una storia della città che ne dimostrasse la superiorità rispetto a Messina e Palermo[251]. Dato tale presupposto, resta il dubbio che l'Amico abbia letto un'opera del Carrera a noi non pervenuta, ma compilata dall'autore con lo stesso piglio deontologico della summenzionata opera su Catania.

Altro indizio sarebbe che tutt'oggi a Delia esiste una Via Petilia che incrocia ortogonalmente in senso NS la strada principale del paese, ovvero il corso Umberto I; la Paladino riporta, a riprova dell'antichità dell'odonimo, che in un rilievo del comune, datato al 1890, con *Via Petilia* non è indicata una traversa bensì la strada che oggi è il corso Umberto I, effettivo prolungamento della trazzera 637[252]. Resta il dubbio che il nome della via non sia stato deciso a posteriori, sulla scorta dell'identificazione Delia/*Petiliana* riportata da Amico e, forse, argomento di un testo perduto del Carrera. Va aggiunto, anche se non è un dato dirimente, che nella mappa del centro urbano di Delia del Catasto Borbonico (1837-1853), la via principale EO è indicata come Strada Grande, mentre quella che sembra essere l'attuale via Petilia è indicata come Strada della Portella.

---

[240] Cfr. LI GOTTI 1958-59, p. 129.
[241] LI GOTTI 1960, p. 4.
[242] LI GOTTI 1958-59; VALBRUZZI 2012, p. 223-224.
[243] LI GOTTI 1958-59.
[244] LI GOTTI 1960, p. 4.
[245] PALADINO 2007.
[246] Distanze calcolate tenendo conto delle pendenze e dei percorsi più brevi ma allo stesso tempo più probabili.
[247] PALADINO 2007, p. 47, nota 19; PALADINO 2006, pp. 54-55; la studiosa ritiene che, malgrado la doppia citazione nell'*itinerarium*, la strada da Catania ad Agrigento fosse una sola. Collocano la *statio Petiliana* a Delia anche, ad es., FIORENTINI 1986 e FIORILLA 2002 p. 257.
[248] Accolta ad es. in PALADINO 2006, pp. 54-55, ma prima ancora da A. Holm (HOLM 1901, vol. III, pag. 484) e da B. Pace (PACE 1958 pp. 414-415).
[249] AMICO 1757-1760, II, p. 79.
[250] PRETO 2006, pp. 13-14.
[251] P. Carrera, *Delle memorie historiche della città di Catania spiegate in tre volumi*, G. Rossi, Catania, 1641.
[252] PALADINO 2006, 54-55.

Un approccio integrato al problema della ricostruzione della viabilità romana in Sicilia

Fig.54: La strada che conduce a Barrafranca, nella carta a 25.000 della US Army Map Service del 1943, basata sulla Carta Topografica IGM 25.000 foglio 268 II,SW, del 1933 (per gentile concessione delle University of Texas Libraries, The University of Texas at Austin. *Elaborazione di M. Sfacteria).*

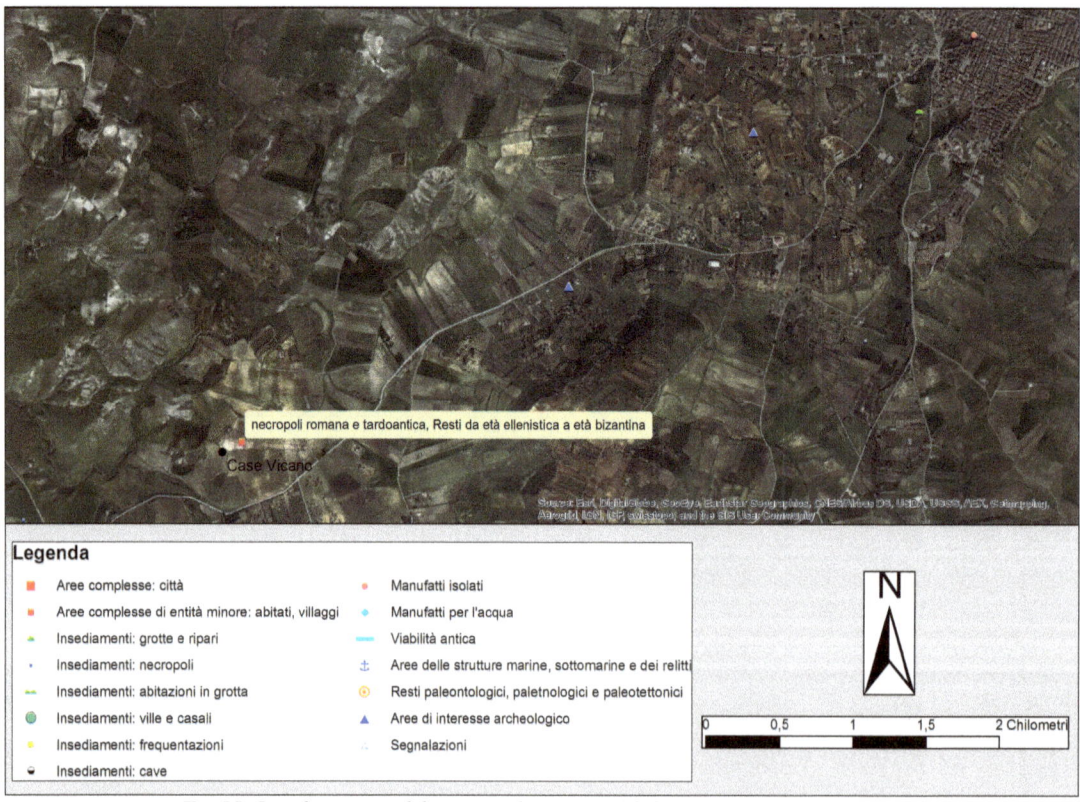

Fig.55: Localizzazione del sito in c.da Vicario (elaborazione di M. Sfacteria).

La via da Catania ad Agrigento

Fig.56: La Regia Trazzera Barrafranca Sommantino, come compare nella carta a 25.000 della US Army Map Service del 1943 e basata sulla Carta Topografica IGM 25.000 foglio 268 III,SE, del 1932 (per gentile concessione delle University of Texas Libraries, The University of Texas at Austin. *Elaborazione di M. Sfacteria).*

3.4. Da *Calloniana* a *Corconiana*

Come appena visto, non vi sono certezze circa l'identificazione di *Calloniana*, né tantomeno di *Petiliana*, ma è ragionevole supporre che effettivamente almeno la prima si trovasse nel comprensorio Sommatino/Delia, e così anche la seconda se si accetta la proposta di riconoscere, nella doppia citazione dell'*Itinerarium Antonini*, una unica strada che ad un certo momento dovette essere interessata da una modifica delle tappe.

Da qui procediamo ora in direzione di Agrigento prolungando le proposte avanzate nel paragrafo precedente: la SP32 precedentemente citata si immette nel centro abitato di Sommatino e da qui è possibile seguire un allineamento che dalla suddetta strada prosegue in senso NE-SO sul Corso Pio La Torre/SP2; tale orientamento è seguito per gran parte dall'impianto urbanistico del centro abitato, e che questo rispettasse l'andamento della strada sembra testimoniato anche dalle mappe del Catasto Borbonico: la mappa del centro abitato del 1846 mostra infatti come tutto il centro storico fosse orientato su un asse principale NE-SO. È possibile seguire lo stesso orientamento uscendo dall'abitato a SO lungo la via Canale, la quale si interrompe all'altezza dell'affluente del Gibbesi che attraversa la c.da Canale e che ne ha determinato il toponimo. Superato il corso d'acqua l'allineamento riprende ed è riconoscibile, nelle immagini satellitari più recenti, come traccia di sopravvivenza, ma risulta ben visibile ad esempio nelle ortofoto 1988-1989, è chiaramente segnato nella cartografia IGM 25.000 (Foglio: 268 III - S.O., Monte Pisciacane, 1967) come sentiero ed è già presente nella cartografia IGM 100.000 (F. 268) del 1879. Superato il corso d'acqua, come detto il sentiero si conserva in forma di traccia per circa 500 m in c.da Balatazza (**fig. 57**); tale toponimo, come abbiamo visto, può riferirsi ad un affioramento o parete rocciosa o ai resti di un lastricato[253], mentre in alcuni casi sembrerebbe indicare grosse lastre di copertura di tombe[254]. Da qui in poi è possibile seguire un sentiero tutt'ora presente che, guadato un altro torrente, attraversa la c.da Giannetta e costeggia in sinistra idrografica il fiume Gibbesi a nord della c.da Cutrazzo, precisamente su Robavecchia Cutrazzo. Da qui per circa 3 km non è possibile riconoscere il percorso fino alla c.da Corbo, dove riprende per 3 km come strada bianca fino a congiungersi, in c.da Testa Secca, alla SP 46 Canicattì-Naro. Superata la SP 46, è possibile riconoscere quella che potrebbe essere la prosecuzione del percorso nelle linee di confine tra terreni che è possibile seguire per ca. 2,5 km nella località, dall'evocativo toponimo (vedi Cap. III, par. 1.4), di Piano del Purgatorio (**fig. 58**).

La prosecuzione di tale allineamento procede all'interno dell'abitato di Canicattì, prima sulla via Barone Lombardo – il cui andamento ondulatorio sembra essere prova di una maggiore antichità dell'asse viario rispetto agli edifici che vi sorgono ai lati – e poi sulla via Tenente Rao e sulla via Risorgimento. La via Risorgimento esce dall'abitato ad ovest di Canicattì e si dirige con andamento irregolare verso SO in direzione di Castrofilippo, sebbene il percorso fosse in precedenza più diretto, come d'altronde sembra potersi desumere dalla pur stilizzata rappresentazione della strada Canicattì-Castrofilippo rappresentata nella mappa del territorio di Canicattì del Catasto Borbonico e dalla carta delle trazzere di Sicilia (dove la strada è segnata come trazzera 454). È interessante notare come questa strada non compaia nella carta del Von Schmettau del 1720, dove invece l'unico collegamento tra Canicattì e Castrofilippo è dato da quella che in seguito sarà la trazzera 399. È difficile stabilire se entrambi i tracciati ne ricalchino uno antico, ma considerando che corrono paralleli alla distanza di meno di un chilometro l'uno dall'altro, per confluire poi in una unica strada ed entrare a Castrofilippo, è lecito supporre che si tratti di variazioni di un unico originario tracciato all'interno di quell'area di strada.

Prima di descrivere il successivo tratto di strada ed il sito di Vito Soldano – forse la *mansio Cosconiana* –, è utile ricordare l'ipotesi di percorso che, sulla scorta di Uggeri[255] e Paladino[256], vuole la strada passante per Delia. Avevamo in precedenza descritto il percorso della Regia Trazzera 637 Barrafranca-Delia, la cui prosecuzione verso sud è la Regia Trazzera 465 Delia-Canicattì che, superato l'abitato di Delia, si dirige con decisione verso ovest, ricalcata oggi dalla SS 190 delle solfare, passando ca. 300 m a nord del Castellaccio, il quale a sua volta si trova a ca. 800 m dall'abitato. La strada entra poi nel centro urbano di Canicattì e Uggeri nota come l'impianto urbanistico della cittadina sembri articolarsi sull'andamento curvilineo della trazzera[257]. Stante la credibilità di questo percorso, resta il dubbio legato alla necessità o meno di un percorso a nord che attraversasse Delia, soprattutto in un ampio periodo per il quale al momento sono labili le attestazioni in quella zona. È lecito chiedersi se la trazzera Delia-Canicattì non sia piuttosto testimonianza di una viabilità medievale, come suggerirebbe il passaggio di tale strada presso il Castellaccio, il castello di Delia, che sorge su un insediamento preistorico ed ha la sua prima e più importante fase tra l'XI ed il XII sec. d.C., seguita da una seconda fase di XIV-XV sec. d.C.[258]; d'altronde un rapporto diretto tra il castello e la viabilità sembra essere volontariamente suggerito dal Von Schmettau nella sua carta.

Da Canicattì fino ad Agrigento, la nostra ricostruzione concorda in linea di massima con quelle precedenti. È infatti molto probabile che la strada superasse il passo di Ali e di qui seguisse la trazzera 454 Canicattì-Castrofilippo che, con un andamento pressoché rettilineo ma leggermente ondulato, ne tradisce una lunga continuità d'uso.

---

[253] CARACAUSI, pp. 103-104. UGGERI 2004, p. 77.
[254] ADAMESTEANU 1962, p. 85.
[255] UGGERI 2004, pp. 257-258.
[256] PALADINO 2007, p. 46.
[257] UGGERI 2004, p. 257.
[258] FIORILLA 1997; SCUTO, FIORILLA 2010.

Proprio nei pressi del passo di Ali, a nord della suddetta strada, si trova il sito di Vito Soldano (**fig. 59**), ricordato da sempre come luogo ricco di rovine ma indagato scientificamente solo a partire dagli anni '50 del secolo scorso[259]. Il sito, scavato solo in minima parte, è caratterizzato da una prima fase di I a.C./I d.C. alla quale fa riferimento un primo impianto termale, forse privato, sul quale si installa un edificio termale di fine III/inizi IV d.C.; coeva a questo secondo impianto sembra essere la viabilità NS ed EO solo in parte indagata. Al V sec. d.C. sembra potersi datare l'abbandono dell'asse viario NS e dell'impianto termale, sebbene il sito continui ad essere frequentato come dimostra l'impianto artigianale con fornaci in uso dal VI all'VIII sec. d.C.

Vito Soldano si trova a circa 117 km da Catania, pressappoco corrispondenti alle 78 *milia passuum* (115,4 km) che L'*Itinerarium Antonini* riporta come distanza tra Catania e *Corconiana/Cosconiana*, e a ca. 19 km da Agrigento, coincidenti con le XIII *milia passuum* indicate dall'*Itinerarium* per questa seconda distanza. Ciò, unito alla presenza di un impianto termale ed alla vivacità che traspare dalle evidenze della cultura materiale[260], ha indotto gli studiosi a identificare il sito con la suddetta *mansio*[261].

É interessante notare come da un sopralluogo da noi effettuato, risulti una certa sproporzione nella quantità di materiale visibile in superficie nei terreni limitrofi la strada a sud e a nord della stessa, con una netta preponderanza di attestazioni nel lato che dà su Vito Soldano. Naturalmente tale osservazione va presa con il beneficio del dubbio, soprattutto in virtù del diverso sfruttamento dei suddetti terreni, ma il dato, se confermato da ulteriori approfondimenti, potrebbe dimostrare che la strada non sia sorta a posteriori su un sito, possibilmente tagliandolo, ma che lo sviluppo del sito stesso abbia dipeso dalla presenza della strada, o si sia sviluppato con essa.

Superato il sito di Vito Soldano la trazzera procede dritta verso Castrofilippo per poco meno di 4 km dove le si sovrappone la SS 122 lungo la via Nazionale. Ci troviamo qui meno di 2 km a nord di c.da Monaco (**fig.59**), dove scavi di emergenza condotti a cavallo degli anni '60-'70 del secolo scorso hanno portato alla luce tratti di strada lastricata e un edificio termale riferibili a quello che sembrerebbe un insediamento tardoromano di una certa importanza[262], sebbene vi sia la possibilità che tale sito fosse frequentato già nel II sec. d.C., come dimostrerebbero dei materiali conservati al museo di Agrigento[263].

Secondo Wilson il sito, al pari di Vito Soldano, presenta tutte le caratteristiche utili ad avanzare l'ipotesi che possa trattarsi di *Corconiana*[264], e che la *statio* si trovasse presso Castrofilippo piuttosto che a Vito Soldano è ipotizzato ad esempio da Manni[265].

Fig.57: Particolare della traccia di viabilità ricostruibile in località Balatazza (immagine Esri, i-cubed, USDA, USGS, AEX, GeoEye, Getmapping, AeroGRID, IGN, IGP, UPR-EGP, and the GIS Community. Elaborazione di M. Sfacteria).

---

[259] LA LOMIA 1961, DE MIRO, FIORENTINI 1972-1973, p. 247; DE MIRO, AMICO, D'ANGELO 2016.
[260] DE MIRO, AMICO, D'ANGELO 2016, p. 153.
[261] LA LOMIA 1961, p. 165; DE MIRO, FIORENTINI 1972-1973, p. 247; LAGONA 1980, p. 124; WILSON 1990, pp. 224-225; UGGERI 2004, pp. 260-261; DE MIRO, AMICO, D'ANGELO 2016, pp. 147 e 153.

[262] DE MIRO, FIORENTINI 1972-1973, p. 247. WILSON 1990, p. 225.
[263] WILSON 1990, p. 392, nota 165.
[264] *Ivi*, p. 225.
[265] MANNI 1981, p. 161.

Un approccio integrato al problema della ricostruzione della viabilità romana in Sicilia

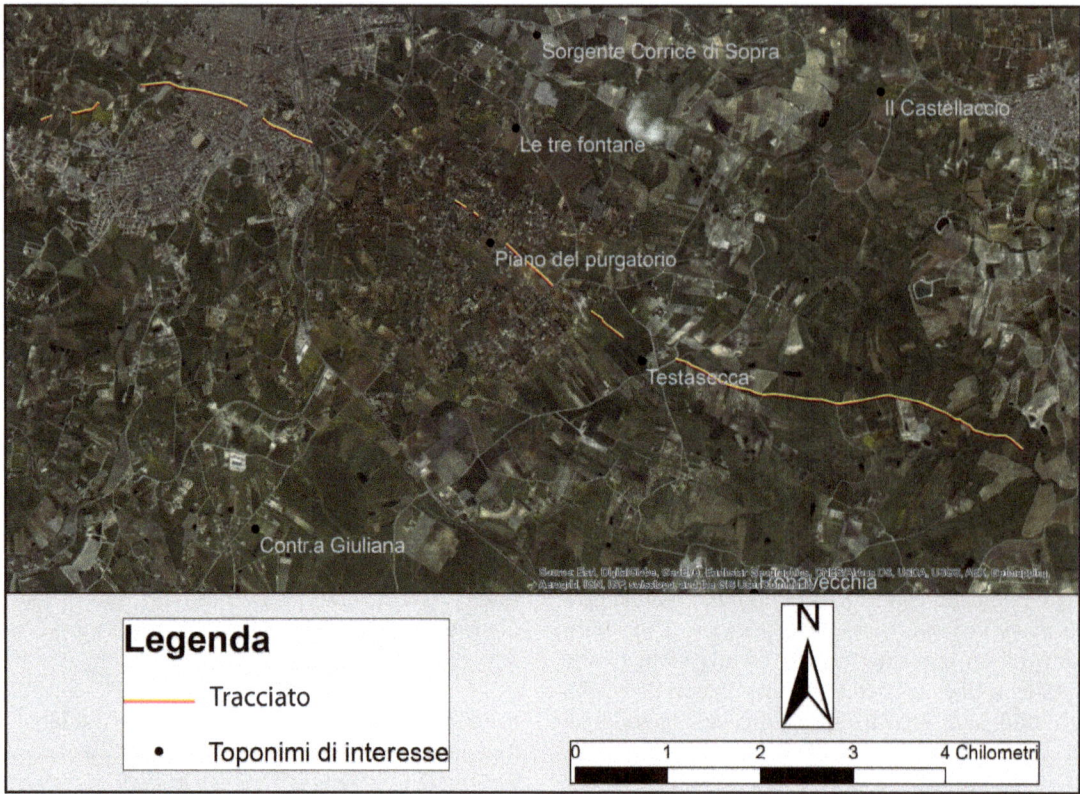

Fig.58: Ricostruzione del tratto di strada che attraversa Canicattì (elaborazione di M. Sfacteria).

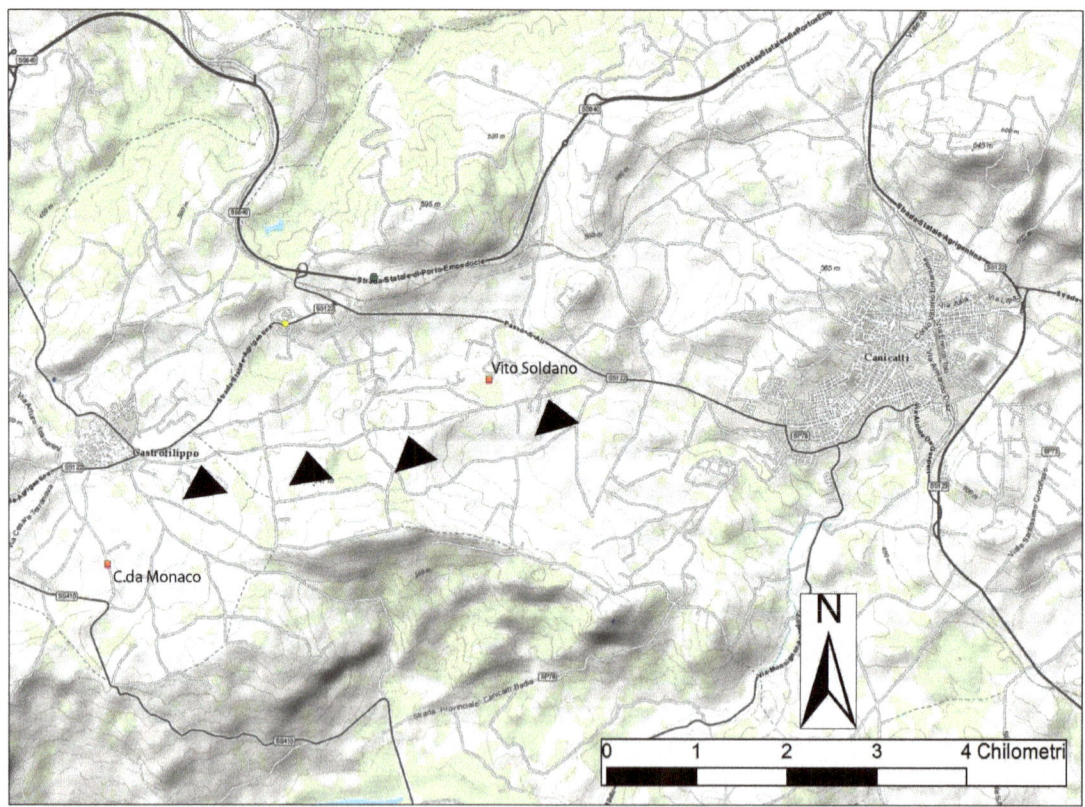

Fig.59: La strada da Canicattì a Castrofilippo (immagine di base: Esri, HERE, DeLorme, Intermap, increment P Corp., GEBCO, USGS, FAO, NPS, NRCAN, GeoBase, IGN, Kadaster NL, Ordnance Survey, Esri Japan, METI, Esri China (Hong Kong), swisstopo, MapmyIndia, © OpenStreetMap contributors, and the GIS User Community. Elaborazione di M. Sfacteria).

3.5. Da *Corconiana* ad Agrigento

Una volta superata l'area interessata dai due siti identificabili come *Corconiana*, è possibile seguire l'ipotetico percorso quasi senza soluzione di continuità fino ad Agrigento. Attraversato infatti l'abitato di Castrofilippo, si procede sulla SS 122 fino alla c.da Babilonia. Qui la strada, fino all'attuale rotonda di Sella Monello, segue un doppio percorso costituito dalla continuazione della SS 122, più recente in quanto taglia delle parcellizzazioni, e da una strada bianca che corre parallela a questa ad una distanza di ca. 50 m, la cui maggiore antichità è suggerita dal fatto che il suo andamento è seguito dalle suddivisioni dei terreni, ma soprattutto per il fatto che si allinea perfettamente con l'ipotetico tratto di strada antica precedente e con quello successivo (**figg. 60 e 61**). Superata la rotonda di Sella Monello infatti, il sentiero procede per 4 chilometri quasi come un rettifilo il cui andamento leggermente ondulato potrebbe tradirne l'usura e, di conseguenza, l'antichità, confermata d'altronde almeno fino al 1720 dalla presenza del tratto di strada in questione nella carta del Von Schmettau (**62**).

Nei pressi della c.da Canalotto, in territorio di Favara, poco prima di incrociare il torrente Iacono, la strada si interrompe e si congiunge di nuovo alla SS 122, deviando verso nord e girando a gomito fino ad entrare nel centro abitato di Favara recuperando, ancora una volta, l'allineamento precedente. In realtà, dove oggi vi è una soluzione di continuità, nella carta IGM 25.000 (F. 271 IV NE, 1931)[266], nelle ortofoto 1988-1989 e, come traccia di microrilievo, nelle immagini LiDAR è ancora possibile vedere il percorso attraversare il torrente Iacono e procedere sino al centro abitato, dove l'allineamento continua sul rettifilo, chiaramente di impianto moderno, della SP80/via Pietro Nenni (**fig. 63**).

È anche possibile che la strada, una volta attraversato il torrente Iacono, proseguisse per le attuali via Giuseppe Saragat e via Umberto, per poi congiungersi alla SP80; tale ipotesi nasce dal fatto che le due strade sono allineate perfettamente tra loro ma non sono connesse, il che lascia supporre una cesura successiva, ed inoltre entrambe le strade mostrano l'andamento pressoché rettilineo, ma ondulato per via dell'usura, tipico della parte precedente e della parte successiva della strada che stiamo descrivendo (**fig. 64**).

Circa un km più a sud dell'attraversamento del torrente Iacono, in località Rocca Stefano, sono situati una necropoli tardoantica con tombe ad arcosolio ed i resti, solo parzialmente scavati, di una villa di IV sec. d.C. della quale sono stati portati alla luce dei pavimenti a mosaico policromo e delle strutture absidate[267].

Come scritto sopra, è probabile che la nostra strada sia orientativamente ricalcata dall'attuale SP80/via Pietro Nenni. Prova di una certa antichità di tale percorso sembra potersi ricavare ad esempio dall'osservazione della mappa del Catasto Borbonico del territorio di Favara, dove la strada da Castrofilippo a Favara è perfettamente in asse con quella da Favara ad Agrigento; le due suddette strade non sono però collegate direttamente, in quanto la strada proveniente da Favara devia bruscamente verso NO per congiungersi alla strada proveniente da Aragona, mentre la strada proveniente da Agrigento devia altrettanto bruscamente verso nord ad angolo retto, congiungendosi alla cosiddetta via del Mulino. Da ciò si deduce che l'allineamento stradale deve essere sicuramente anteriore alla fondazione del centro storico di Favara, per servire il quale si rese necessario spezzarne l'andamento, tant'è che il successivo ampliamento del centro abitato si svilupperà a sud, rendendo la strada E-O il fulcro dell'impianto urbano.

A nord dell'abitato di Favara, alle pendici nordorientali del monte Catalfaraci, in località c.da Saraceno, sorge l'omonima villa romana, indagata archeologicamente a partire dagli anni '80 del secolo scorso[268] (**fig. 65**). La villa presenta quattro fasi: in una prima fase, tra II e IV sec. d.C., è una villa residenziale con complesso agricolo, della quale sono stati portati alla luce un'area aperta con vasche, alcuni ambienti rustici ed un complesso termale con mosaici in bianco e nero. La seconda fase vede una ricostruzione della villa nella prima metà del IV sec. d.C., alla quale sono riferibili una serie di nuovi ambienti a ridosso delle terme ed un allargamento del cortile. Gli scavatori hanno assegnato come *terminus post quem* della seconda fase il 363 d.C., sulla base della moneta più recente trovata, un *nummus* di Giuliano II[269].

La terza fase si protrae sino al V sec. d.C. e vede uno sfruttamento agricolo dell'area a seguito di una fase di distruzione violenta – testimoniata da tracce di incendio – che dovette segnare la fine della seconda fase. La presenza, in stratigrafia, di uno spesso strato alluvionale tra le fasi seconda e terza, ha suggerito agli scavatori un effettivo periodo di abbandono tra le due fasi. La quarta fase si data dalla metà del VI sec. d.C. all'VIII d.C. ed è caratterizzata da una riformulazione architettonica della villa nel rispetto dell'orientamento delle strutture precedenti e da una spiccata vocazione agricola testimoniata anche dal ritrovamento di attrezzi per la lavorazione dei campi[270].

Nel VII sec. d.C. vi è una parziale risistemazione del complesso, alla quale è connessa la costruzione di una piccola cappella cristiana. Per quanto riguarda le epoche successive, sono presenti strutture che gli scavatori attribuiscono ad età federiciana ma senza escludere la possibilità che queste possano riferirsi ai periodi arabo e normanno[271].

---

[266] Come già osservato in UGGERI 2004, pp. 261 e 263, fig. 87.
[267] CASTELLANA 1984-1985, p. 527; WILSON 1990, p. 210.
[268] CASTELLANA 1985; CASTELLANA 1986; CASTELLANA, MC CONNELL 1986; CASTELLANA, MC CONNELL 1990.
[269] CASTELLANA, MC CONNELL 1986, p. 97; CASTELLANA, MC CONNELL 1990, p. 32.
[270] CASTELLANA, MC CONNELL 1990, p. 36.
[271] *Ivi*, p. 39.

Superata Favara, il percorso procede, come già osservato da Uggeri[272], sulla strada ESA Mosè San Biagio che ricalca la trazzera 395 e si dirige con decisione in direzione SO verso Agrigento antica. La strada si interrompe all'incrocio con l'ex trazzera 491, odierna via della Mosella e poi SS Sud Occidentale Sicula, che si ipotizza ricalchi la Via Selinuntina da Lilibeo a Siracusa[273].

Il nostro percorso riprende al di là della via della Mosella e del fiume S. Biagio, come dimostra una strada bianca tutt'oggi visibile e come rappresentato chiaramente nella carta IGM 25.000, rilievo del 1931 (F. 271, IV, NE). Il perfetto allineamento dei due tronconi di sentiero dimostra inequivocabilmente come in principio dovesse trattarsi di una unica strada, dandoci pure una informazione specifica circa il punto dove il S. Biagio venisse attraversato in antico, ovvero, il che non sorprende, esattamente dove lo stesso è oggi attraversato, sebbene con diverso orientamento, dalla SS640.

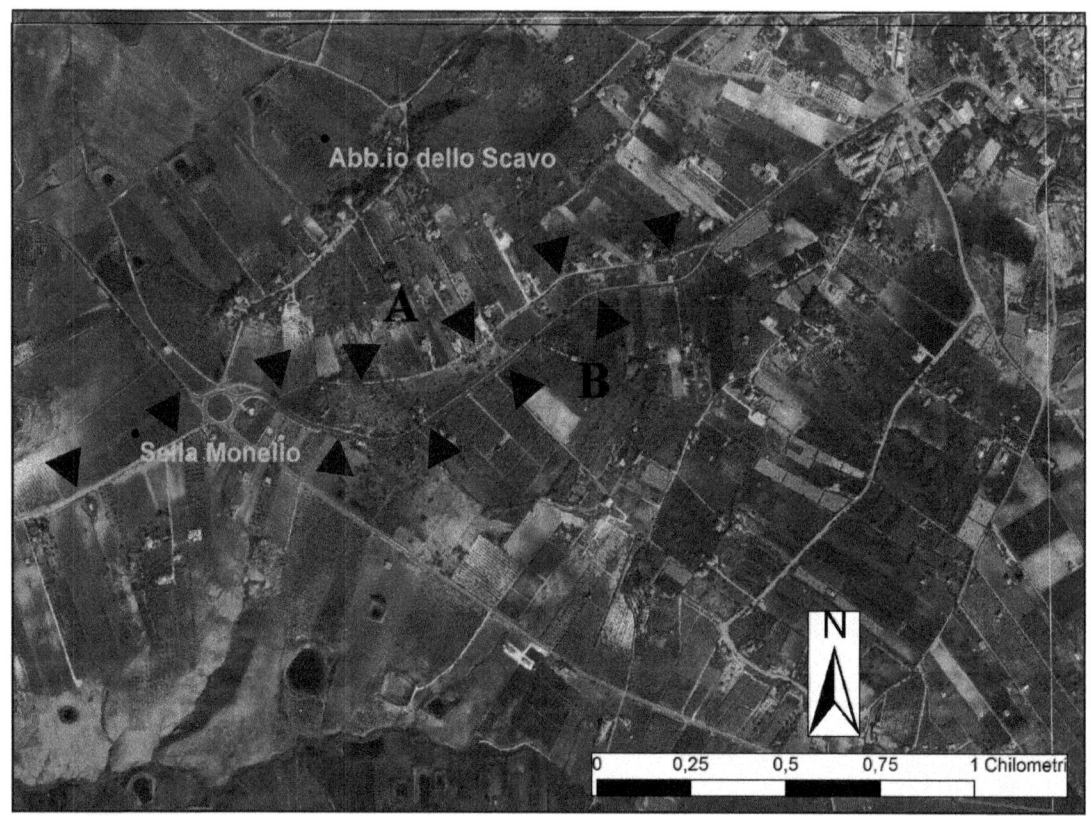

Fig.60: La strada ad ovest di Castrofilippo. A=sentiero; B=strada nuova (immagine Esri, i-cubed, USDA, USGS, AEX, GeoEye, Getmapping, AeroGRID, IGN, IGP, UPR-EGP, and the GIS Community. Elaborazione di M. Sfacteria).

---

[272] UGGERI 2004, pp 261-264.

[273] *Ivi*, pp. 174-175.

La via da Catania ad Agrigento

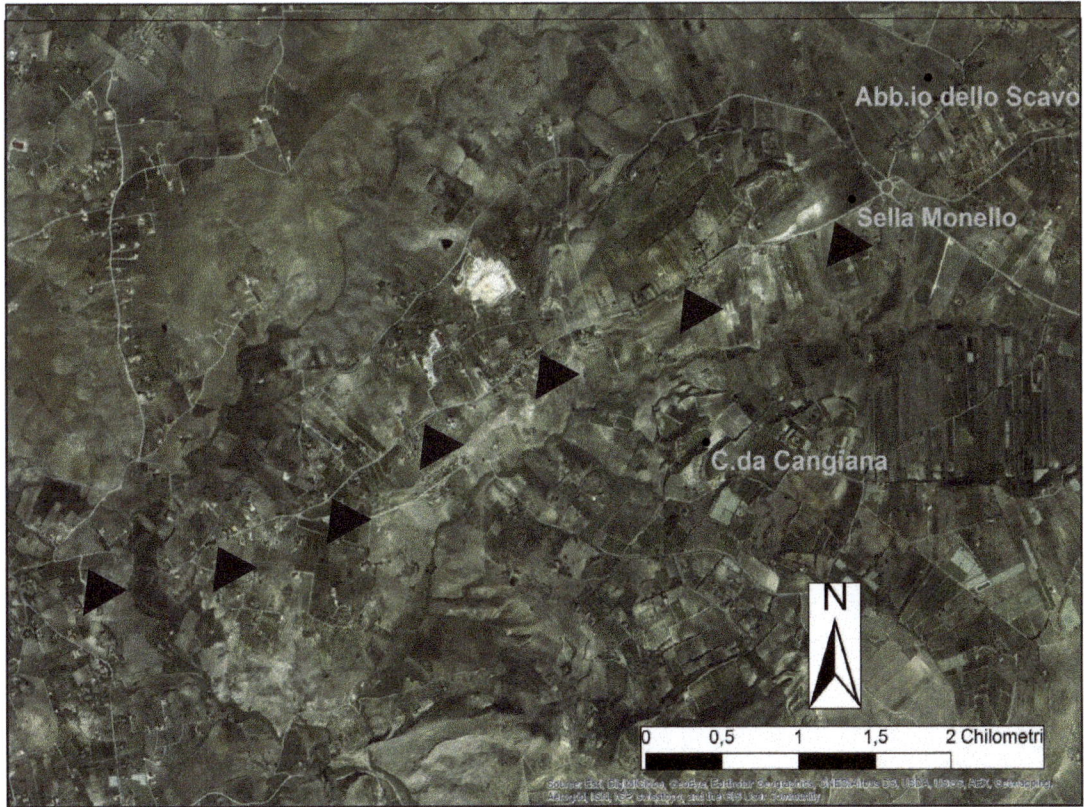
Fig.61: Prosecuzione della strada da Castrofilippo a Favara (elaborazione di M. Sfacteria).

Fig.62: Il percorso da Favara ad Agrigento nella carta del Von Schmettau.

*Fig.63: LiDAR nell'area dell'abitato di Favara. Traccia del sentiero che attraversava il fiume.
(LiDAR da http://www.pcn.minambiente.it/viewer/index.php?services=LiDAR_Sicilia. Elaborazione di M. Sfacteria.)*

Fig.64: Centro abitato di Favara. Due ipotesi di percorso (elaborazione di M. Sfacteria).

La via da Catania ad Agrigento

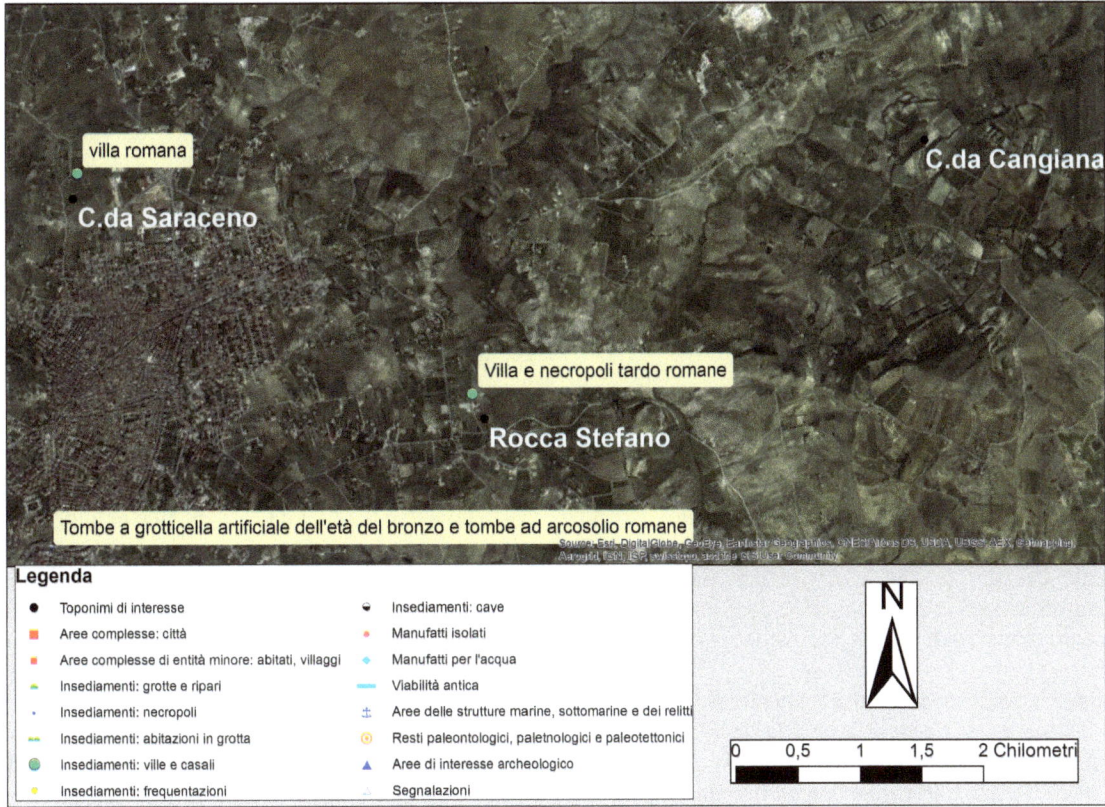

Fig.65: I siti di c.da Saraceno e Rocca Stefano presso Favara (elaborazione di M. Sfacteria).

V. CONCLUSIONI

La ricostruzione proposta nel presente lavoro, più che un punto d'arrivo, si propone di essere un punto di partenza per studi sistematici futuri.

È in questa ottica che avanzeremo una serie di ipotesi le quali, vista l'esiguità dei dati di partenza potranno, insieme alla ricostruzione topografica presentata nel capitolo precedente, essere convalidate o ribaltate nel corso delle future ricerche.

Per quanto riguarda la cronologia della strada, il dato archeologico, sebbene incompleto, permette di avanzare qualche ipotesi: circa il tratto da Catania a Sofiana, non sappiamo molto del primo impianto della villa del Castellito di Ramacca, datato genericamente in età ellenistica dagli scavatori[274], ma sappiamo che la fase più consistente del sito si data a partire dall'età augustea; poche informazioni possiamo ottenere invece dallo spargimento di materiali di c.da Torricella[275].

Per quanto riguarda invece l'insediamento di Pietrarossa, a parte una generica frequentazione di III sec. a.C., una fase augustea/primo imperiale – costituita da una fornace, da resti di colonnato, tracce di un impianto termale e di una latrina – sembra certa[276].

Nel tratto da Agrigento a Sofiana insiste il sito di Vito Soldano – forse la *statio* di *Corconiana* – in cui un primitivo impianto termale sembra potersi datare al I a.C./I d.C.[277]

Per quanto riguarda il sito di Sofiana, la pluriennale attività del *Philosophiana Project* permette oggi di inquadrare la genesi e lo sviluppo del sito nella diacronia, il che ne fa per certi versi un paradigma rispetto ai siti già citati. Gli scavi degli anni '80-'90 del secolo scorso hanno permesso di datare la fondazione del centro abitato ad età augustea[278], e le recenti indagini, oltre a confermare tale dato, inducono cautamente ad ipotizzare che l'insediamento, già nella prima età imperiale, potesse avere un'estensione non dissimile da quella di ca. 21 ha che raggiungerà in età tardo antica[279]. È tra l'altro utile in questa sede sottolineare come i recenti scavi, in parte ancora inediti, stiano confermando l'effettiva esistenza di un primo impianto delle terme di Sofiana datato a cavallo tra il I a.C. ed il I d.C.[280]

Se nell'attuale strada bianca che costeggia il lacerto del sito fino ad oggi scavato, riconoscessimo effettivamente un diverticolo di accesso da nord alla città (cfr. *supra*, **IV.3.2**), questo potrebbe essere prova tangibile di una viabilità principale passante a nord del sito, prima della nuova pianificazione dell'insediamento databile ai primi del IV sec. d.C. e caratterizzata da un orientamento diverso delle strutture[281].

La Torre[282] ipotizza che l'impianto urbano di età augustea scavato a Sofiana sia la *Gela* citata nell'*Itinerarium Antonini* (*It. Ant.* 88,2), dove vivevano i *Gelani stipendiarii* dei quali abbiamo notizia da Plinio[283] nel famoso elenco di *populi stipendiarii* della Sicilia interna che Wilson fa derivare da un elenco ufficiale compilato tra il 36 ed il 21 a.C.[284].

Se la fondazione della nostra Gela rientra quindi nell'intervento di risistemazione dell'isola attuato da Augusto verso il 22-21 a.C.[285], quando egli torna in Sicilia nel corso di un viaggio nelle province, è lecito ipotizzare che anche la strada sia nata, o sia stata risistemata nell'ambito di un nuovo equilibrio degli insediamenti dell'entroterra isolano, se non addirittura in funzione della politica viaria da lui promossa in quegli stessi anni[286].

D'altronde se il sito in c.da Sofiana è la città dei *Gelani stipendiarii*, e se è vero che il percorso della strada tocca una serie di siti che evidenziano, se non una nascita, sicuramente una nuova fase in età augustea, non è più valido l'assunto di Uggeri, il quale scrive: «Quanto alla famosa organizzazione augustea del servizio postale, questa in Sicilia dovette limitarsi a sfruttare la rete viaria esistente, nella quale le colonie augustee risultavano già ben inserite»[287].

Potremmo al contrario ipotizzare che la nascita di nuovi insediamenti – come sarebbe la fondazione della 'nostra' Gela –, fosse in diretta relazione con l'impianto di una nuova viabilità che, come si ricava dal più tardo *Itinerarium Antonini* e dal dato archeologico e topografico, non toccava nessuna città preesistente, il che d'altronde troverebbe una conferma nel fatto che, nell'ambito delle deduzioni coloniali augustee *"none of the inland towns where selected. Many were already in decline and Augustan advisers assessed that their long term chances of prosperity were not good"*[288].

Del resto il fatto che il nostro sito nasca con caratteristiche urbane, esattamente a metà strada tra due dei centri principali dell'isola in età augustea, difficilmente può essere considerato un caso. Al contrario vi si potrebbe leggere, con le dovute cautele, una scelta non dissimile ad esempio da quella effettuata poco più di due secoli dopo da Settimio Severo con la fondazione dell'*emporium* di *Pizos*[289] – nell'entroterra tracico, tra *Philippopolis* e

---

[274] ALBANESE PROCELLI 1988-1989, p. 21.
[275] BONACINI, TURCO 2015, p. 339.
[276] BONANNO 2014, p. 97, nota 19.
[277] DE MIRO, AMICO, D'ANGELO 2016 p. 147.
[278] LA TORRE 1993-1994; LA TORRE 1994.
[279] BOWES et al. 2011, p. 442.
[280] ADAMESTEANU 1963, p. 264; WILSON 1990 p. 224; LA TORRE 1994, p. 122.
[281] BOWES et al. 2011, p. 438.

[282] LA TORRE 1994, pp. 133-136.
[283] PLIN, *N.H.*, III, 89-91.
[284] WILSON 1990, pp. 35-43.
[285] LA TORRE 1994, p. 136.
[286] DI PAOLA 1999, pp. 21-31.
[287] UGGERI 2004, p. 26.
[288] WILSON 1990, p. 44.
[289] JOHNSON *et al* 1961, p. 224.

Hadrianopolis –, a dimostrazione di come in luoghi scarsamente popolati si potesse preferire la fondazione di un vero e proprio insediamento piuttosto che di una semplice stazione[290].

A partire dagli inizi del IV sec. d.C. e fino al VI d.C. il sito di Sofiana vive il suo momento di massimo splendore[291]. Nei primi del IV d.C. vengono ricostruite le terme e l'impianto urbano viene riorganizzato secondo un nuovo orientamento.

Nella prima metà del IV sec. d.C. vi è anche una nuova fase della villa di c.da Saraceno di Favara, posta a nord della strada, con la costruzione di nuovi ambienti nelle terme e l'allargamento del cortile[292]. Sempre in territorio di Favara, ma a sud della strada, nel IV sec. d.C. sorge la villa di Rocca Stefano.

Intorno agli inizi del IV sec. d.C. è datato anche il nuovo impianto termale di Vito Soldano: il sito mostra adesso le caratteristiche di un impianto urbano[293] che per il periodo precedente si può solo ipotizzare. Poco sappiamo invece di ciò che accade nei siti del Castellito di Ramacca e di Pietrarossa, ma sembra sicura una continuità insediativa nel IV sec. d.C. per entrambi i siti[294].

Questa nuova fase dei primi del IV sec. d.C. per quasi tutti i siti sorti lungo la Catania-Agrigento non stupisce, ed è anzi coerente col coevo rinnovato ruolo dell'isola quale granaio di Roma[295], al punto che molti autori datano a questo periodo la nascita stessa della strada Catania-Agrigento con la funzione precipua di permettere l'esportazione granaria dai porti delle due città[296].

Occorre notare come più o meno allo stesso periodo, ovvero a cavallo tra gli ultimi decenni del III sec. d.C. e la metà del IV sec. d.C., si dati la redazione finale dell'*Itinerarium Antonini*[297], nel quale, come abbiamo già avuto modo di ricordare, l'itinerario da *Catina* ad *Agrigentum* compare due volte: nell'itinerario *A Traiecto Lilybeo*, dove tra *Catina* e *Agrigentum* compaiono le tappe di *Capitonianibus-Gela sive Philosphianis-Petilianis*, e poi nell'itinerario *a Catina Agrigentum mansionibus nunc institutis* in cui compaiono le tappe intermedie di *Capitonianis-Philosophianis-Callonianis/Gallonianis-Corconianis/Cosconianis*.

Il secondo itinerario è generalmente considerato un aggiornamento della prima metà del IV sec. d.C., legato alla istituzione di nuove stazioni di sosta[298], ed il quadro offertoci dal dato archeologico sembra confermare ulteriormente tale ipotesi.

Come già ricordato, circa il doppio toponimo *Gela sive Philosophianis* del primo itinerario, poi sostituito dal solo *Philosophianis* del successivo aggiornamento, alla luce dei dati allora ottenuti La Torre ipotizzava che la scomparsa del toponimo *Gela* dalla redazione dell'*Itinerarium* fosse legata ad un abbandono della città dei *Gelani* a seguito di un evento disastroso avvenuto alla fine del III sec. d.C., documentato archeologicamente tanto a Sofiana che presso la vicina Villa del Casale[299].

Tale evento portò alla distruzione della villa rustica sulla quale di lì a poco sarebbe sorta la Villa del Casale, della quale il sito in c.da Sofiana, parzialmente ricostruito ma ormai non più città, sarebbe stato la *mansio*[300].

I nuovi dati ci dicono che in seguito alla ricostruzione databile ai primi del IV sec. d.C. il sito continua ad avere le caratteristiche di una città, raggiungendo anzi tra il IV ed il V sec. d.C. una dimensione di 21 ha che mal si attaglia alla ipotesi di Carandini, secondo il quale in questo periodo il sito di Sofiana sarebbe un villaggio in cui vivono i contadini che lavorano la terra della grande proprietà di *Philosophiana*, della quale la Villa del Casale sarebbe il centro nevralgico[301].

Alla luce di ciò si potrebbe avanzare l'ipotesi che la suddetta città fosse ancora *Gela*, e di conseguenza nella frase *Gela sive Philosophianis*, dovremmo leggere *sive* con il valore di *et*[302], ad indicare dunque due luoghi molto vicini ma distinti. Ciò ci aiuterebbe d'altronde a spiegare la scomparsa di uno dei due toponimi dalla revisione successiva, attestata dal secondo itinerario.

Riguardo le *mansiones nunc institutae* Wilson scrive: «*Philosophiana...along with Capitoniana, Calloniana and Corconiana are described as Mansionibus nunc institutis...the phrase does not of course denote that either the road or the settlements along it were new...only that these places were now officially designated mansiones of the cursus publicus*»[303]. In questo caso la mancanza del toponimo/polionimo *Gela* si giustificherebbe col fatto che *Philosophiana*, e non *Gela*, è stata assurta al ruolo di *mansio* ufficiale.

La frase *mansionibus nunc institutis* potrebbe anche indicare una vera e propria fondazione di nuove stazioni rispetto alle precedenti[304], dunque sarebbero *nunc institutae* solo *Calloniana/Galloniana* e *Corconiana/Cosconiana*, non presenti nell'itinerario precedente. In questo caso *Gela* non sarebbe nominata in quanto la volontà sarebbe quella di indicare soltanto le effettive stazioni di sosta, mentre invece la sua presenza

---

[290] Kolb 2016, p. 7.
[291] Bowes e al. 2011, p. 430.
[292] Castellana, Mc Connell 1986, p. 97; Castellana, Mc Connell 1990, p. 32.
[293] De Miro, Amico, D'Angelo 2016.
[294] Albanese Procelli 1988-1989, p. 21; Bonanno 2014, p. 97, nota 19.
[295] La Torre 1994, p. 137.
[296] Si veda, ad es.: Uggeri 1987 p. 59; Bosio 1987, p. 29; Uggeri 2004, p. 27; Pensabene 2010, p. 8.
[297] Calzolari 1996, pp. 380-382.
[298] *Ivi* pp. 444-445 e bibliografia precedente.
[299] La Torre 1994 p. 138.
[300] *Ibidem*.
[301] Vaccaro 2012, pp. 125-126.
[302] Calzolari 1996, p. 405.
[303] Wilson 1990, p. 12.
[304] Uggeri 2004, p. 251.

nell'itinerario *a Traiecto Lylibeo* indicherebbe semplicemente che quella determinata tappa permetteva di raggiungere sia la *statio* di *Philosophiana* che la città dei *Gelani*.

Ammettendo l'ipotesi di una continuità di vita di questa Gela, verrebbe rivalutata l'ipotesi che vuole la *massa Gelas* citata da Gregorio Magno[305] identificabile con la *massa Philosophiana*[306]. In ogni caso cadrebbero le perplessità di Vera circa la possibilità del riutilizzo, alla fine del VI sec. d.C., del toponimo *Gela*, soprasseduto, secondo l'autore, già a partire dal II sec. d.C. dal toponimo *Philosophiana*[307].

---

[305] GREG. M. *Epist.*, IX, 236.
[306] PINZONE 1999, pp. 286-287. BOWES et al 2011, p. 448.
[307] VERA 1999, p. 1018, nota 110; SFAMENI 2006, p. 32, nota 10.

SCHEDARIO TOPOGRAFICO

Il catalogo ha lo scopo principale di fornire una descrizione schematica e le coordinate geografiche dei siti citati, e più ampiamente descritti, nel cap. IV.

Il dato cartografico fa riferimento alla cartografia IGM 25.000. Le coordinate geografiche sono presentate nel sistema WGS84 UTM 33N.

Ho scelto di citare i siti secondo l'ordine in cui vengono citati nel cap. IV, ovvero in ordine topografico da Catania ad Agrigento, nell'opinione che ciò ne renda più facile la consultazione a fianco di un supporto cartografico.

---

1 – Librino - Masseria Bummacaro (CT)

Cartografia – F. 270 III-NO

Coordinate x/y – 504.036,24; 4.147.399,32

Altitudine – 34 m s.l.m.

Descrizione sito – Il rinvenimento è stato effettuato in una zona non meglio precisata.

Descrizione unità topografica – Resti di strutture murarie.

Interpretazione – Villa ed edificio con copertura a volta di età romana.

Stato di conservazione / Leggibilità – non id.

Cronologia – Età romana (generica).

Bibliografia – *Linee Guida del Piano Paesistico Territoriale Regionale della Regione Sicilia, elenco dei beni culturali ed ambientali, ambito 13 - cono vulcanico etneo*, n. 59.

---

2 – Giarretta dei Monaci (Belpasso, CT)

Cartografia – F. 269 II-NE

Coordinate x/y – 492.777,01; 4.145.310,70

Altitudine – 26 m s.l.m.

Descrizione sito – Area pianeggiante presso il fiume Simeto.

Descrizione unità topografica – Resti di ponte. Si conservano spalla con piano d'imposta, parte della volta e residui di rinfianco.

Interpretazione – Ponte di età romana sorto in funzione della viabilità da Catania ad Agrigento.

Stato di conservazione / Leggibilità – Rudere/buona.

Cronologia – Età romana (generica).

Bibliografia – SANTAGATI 2017, *c.d.s.*

---

3 – Portiere Stella (Paternò, CT)

Cartografia – F. 269 I-SE

Coordinate x/y – 489.449,09; 4.145.727,45

Altitudine – 33 m s.l.m.

Descrizione sito – Il Rinvenimento è stato effettuato in una zona non meglio precisata.

Descrizione unità topografica – Insediamento tardoimperiale. Nella levata IGM del 1866 era ancora ravvisabile il toponimo *balnearia*.

Interpretazione – Non id.

Stato di conservazione / Leggibilità – Non id.

Cronologia – Tardoimperiale.

Bibliografia – UGGERI 2004, p. 252.

---

4 – C.da Stimpato (Ramacca, CT)

Cartografia – F. 269 II-NO

Coordinate x/y – 482.354,08; 4.145.167,59

Altitudine – 45 m s.l.m.

Descrizione sito – Il rinvenimento è stato effettuato in una zona non meglio precisata.

Descrizione unità topografica – Area di frammenti ceramici.

Interpretazione – Non id.

Stato di conservazione / Leggibilità – Non id.

Cronologia – Epoca ellenistica e romana.

Bibliografia – *Linee Guida del Piano Paesistico Territoriale Regionale della Regione Sicilia, elenco dei beni culturali ed ambientali, ambito 14 – pianura alluvionale catanese, n. 58.*

---

5 – Mass.a Castellito (Ramacca, CT)

Cartografia – 269 II NO

Coordinate x/y – 480.332,38 ; 4.144.914,59

Altitudine – 106 m s.l.m.

Descrizione sito – Basso poggio terrazzato nel lato ovest.

Descrizione unità topografica – Strutture murarie, pavimento musivo e spargimento di materiali in superficie.

Interpretazione – Struttura abitativa/villa identificata dagli scavatori come la *Mansio Capitoniana*.

Stato di conservazione / Leggibilità – Non id.

Cronologia – III sec. a.C./VI sec. d.C.

Bibliografia – ALBANESE PROCELLI 1988-89.

---

6 – C.da Ventrelli (Ramacca, CT)

Cartografia – 269 III SE

Coordinate x/y – 466.425,86; 4.139.995,32

Altitudine – 138 m s.l.m.

Descrizione sito – Il rinvenimento è stato effettuato in una zona non meglio precisata.

Descrizione unità topografica – Spargimento di materiali fittili e ritrovamento della *tabella* di marmo che riporta l'epitaffio di *Abdalas*, conservata presso il Museo civico di Ramacca.

Interpretazione – La presenza dell'epitaffio potrebbe suggerire la presenza di una necropoli.

Stato di conservazione / Leggibilità – Non id.

Cronologia – I-II sec. d.C.

Bibliografia – SALMIERI 1984; BONACINI TURCO 2015.

---

7 – C.da Margherito (Ramacca, CT)

Cartografia – 269 III SE

Coordinate x/y – 466.044,51; 4.136.451,95

Altitudine – 150 m s.l.m.

Descrizione sito – Il rinvenimento è stato effettuato in una zona non meglio precisata.

Descrizione unità topografica – Spargimento di materiali e forse strutture murarie.

Interpretazione – I pochi dati possono lasciare solo supporre la presenza di un insediamento da età primo imperiale a età tardoantica.

Stato di conservazione / Leggibilità – Non id.

Cronologia – Da età primo imperiale a età tardoantica.

Bibliografia – ANDRONICO 1983; BONACINI TURCO 2015.

---

8 – Pietrarossa (Mineo, CT)

Cartografia – 273 IV NO

Coordinate x/y – 462.560,67; 4.134.204,58

Altitudine – 190 m s.l.m.

Descrizione sito – Area nei pressi del fiume Pietrarossa, interessata dalla costruzione di una diga che ha comportato la distruzione di parte delle evidenze archeologiche.

Descrizione unità topografica – Fornace per la produzione di ceramica di età augustea; vasca, colonnato e latrina di I-II sec. d.C.; frequentazioni (almeno tre) dal III al IV sec. d.C.

Interpretazione – *Statio*/villa rustica.

Un approccio integrato al problema della ricostruzione della viabilità romana in Sicilia

Stato di conservazione / Leggibilità – non id.

Cronologia – Da età augustea ad età tardoantica.

Bibliografia – BONANNO 2014, pag. 97 e nota 19 nella stessa pagina.

---

9 – C.da Favarotta/Tenuta Grande (Mineo, CT)

Cartografia – 273 IV NE

Coordinate x/y – 473.255,77; 4.129.406,19

Altitudine – 135 m s.l.m.

Descrizione sito – Territorio pianeggiante nei pressi del fiume Margi.

Descrizione unità topografica – Strutture (muri, pavimenti in cocciopesto, tessere musive), resti di chiesetta a pianta absidale con annessa necropoli di IV sec. d.C. (Favarotta); resti di abitato di età imperiale (Tenuta Grande)

Interpretazione – *Villa rustica* con centro abitato.

Stato di conservazione / Leggibilità – Non id.

Cronologia – Dal I al VI d.C.

Bibliografia – BONACINI 2006; BONACINI 2010.

---

10 – *C.da Rasalgone (Piazza Armerina, EN)*

Cartografia – 268 II SE

Coordinate x/y – 447.351,44; 4.133.412,98

Altitudine – 580 m s.l.m.

Descrizione sito – Il rinvenimento è stato effettuato in una zona non meglio precisata.

Descrizione unità topografica – Spargimento di materiali, resti di mosaico policromo.

Interpretazione – Frequentazione di età greca. Villa imperiale le cui strutture sono forse riutilizzate in età medievale.

Stato di conservazione / Leggibilità – Non id.

Cronologia – Da età greca a medievale.

Bibliografia – GUZZARDI 2002, pp. 303-304.

---

11 – *C.da Sofiana (Mazzarino, CL)*

Cartografia – 272 I NO

Coordinate x/y – 437.583,78; 4.130.472,8

Altitudine – 500 m s.l.m.

Descrizione sito – Vasto *plateau* delimitato a nord dal fiume Nociara e ad ovest dal monte Alzacuda.

Descrizione unità topografica – Vasta area interessata da una serie di scavi che hanno portato alla luce tre necropoli, una basilica paleocristiana ma soprattutto una *domus* imperiale e delle terme tardoantiche.

Interpretazione – Insediamento a carattere urbano/*statio*.

Stato di conservazione / Leggibilità – Medio/buona.

Cronologia – Insediamento urbano o quasi urbano che si sviluppa a partire da età augustea, raggiunge la massima espansione nel IV sec. d.C. e continua ad essere occupato sino in età normanna.

Bibliografia – ADAMESTEANU 1984; LA TORRE 1993-1994; LA TORRE 1994; BOWES et al. 2011; VACCARO 2012; VACCARO 2013; VACCARO, LA TORRE 2015.

---

12 – Torre di Pietro (Piazza Armerina, EN)

Cartografia – 268 II SO

Coordinate x/y – 439.558,23; 4.132.465,11

Altitudine –495 m s.l.m.

Descrizione sito – Campi arati ad ovest del fiume Nociara, 2,5 km a sud della Villa del Casale.

Descrizione unità topografica – Grande struttura fortificata e spargimento di materiali ceramici.

Interpretazione – Masseria fortificata.

Stato di conservazione / Leggibilità – Non id.

Cronologia – Da VI sec. d.C. a XVIII sec. d.C.

Bibliografia – ALFANO, ARRABITO, MURATORE 2012.

---

13 – Monte Navone (Piazza Armerina, EN)

Cartografia – 268 II SO

Coordinate x/y – 437.113,59; 4.134.709,78

Altitudine – 750 m s.l.m.

Descrizione sito – Rilievo dei monti Erei sulla cui sommità si estende un pianoro di ca. 7 ha.

Descrizione unità topografica – Necropoli arcaiche, fortificazioni ad aggere e tracce di abitato.

Interpretazione – Insediamento urbano.

Stato di conservazione / Leggibilità – Non id.

Cronologia – Dal VI sec. a.C. fino al XIII sec. d.C.

Bibliografia – ADAMESTEANU 1962; GENTILI 1969; ARENA, ADAMO 2012.

---

14 – C.da San Salvatore (Mazzarino, CL)

Cartografia – 272 I NO

Un approccio integrato al problema della ricostruzione della viabilità romana in Sicilia

Coordinate x/y – 430.627,07; 4.127.191,63

Altitudine – 452 m s.l.m.

Descrizione sito – Piana leggermente depressa rispetto al territorio circostante. I rinvenimenti più cospicui si trovano nel pianoro sulla sommità di una bassa collina, situata ca. 600 m a SE dell'omonima chiesa.

Descrizione unità topografica – Ampio spargimento di materiali ceramici. Storici locali riferiscono circa il ritrovamento di sepolture avvenuto a fine '800.

Interpretazione – Insediamento urbano.

Stato di conservazione / Leggibilità – Non id.

Cronologia – I materiali di superficie fanno riferimento in gran parte ad un arco cronologico compreso tra l'VIII ed il XIII sec. d.C.

Bibliografia – Inedito.

---

15 – C.da Minnelli (Mazzarino, CL)

Cartografia – 272 I NO

Coordinate x/y – 430.571,77; 4.127.185,28

Altitudine – 453 m s.l.m.

Descrizione sito – Uliveto posto subito a nord della chiesa di S. Salvatore. Un crepaccio, formatosi alcuni decenni fa in seguito ad opere di canalizzazione delle acque, separa quest'area da quella prospicente la chiesa, ma dal punto di vista archeologico si tratta di un unico sito.

Descrizione unità topografica – Spargimento di materiali in superficie. Strutture relative ad ambienti, scavate negli anni '90 ma non più visibili.

Interpretazione – Centro abitato/*statio*/*mutatio*.

Stato di conservazione / Leggibilità – Non id.

Cronologia – Prima fase dal II fino al V sec. d.C.; seconda fase di VI-VII sec. d.C.

Bibliografia – PANVINI, 2002; PANVINI, 2004.

---

16 – C.da Sciornino/Sfornino/Fornino (Barrafranca, EN)

Cartografia – 268 II SO

Coordinate x/y – 429.740,16; 4.134.495,81

Altitudine – 365 m s.l.m.

Descrizione sito – Il rinvenimento è stato effettuato in una zona non meglio precisata.

Descrizione unità topografica – In località Rocche rinvenimenti di ceramica sicula e protocorinzia; in località Gelsi/S. Battista rinvenuti una decina di sepolcri rettangolari.

Interpretazione – Necropoli e forse insediamento.

Stato di conservazione / Leggibilità – Non id.

Cronologia – Non id.

Bibliografia – LI GOTTI 1960, p. 8.

---

17 – Barrafranca, Piazza Fratelli Messina (EN)

Cartografia – 268 III SE

Coordinate x/y – 429.079,48; 4.136.551,28

Altitudine – 439 m s.l.m.

Descrizione sito – Piazza centrale del centro storico di Barrafranca. I ritrovamenti sono stati effettuati nei pressi della vecchia chiesa matrice.

Descrizione unità topografica – Ritrovamento di monete bizantine e frammenti ceramici rinvenuti durante i lavori di sistemazione della piazza, nei pressi è stato rinvenuto un cimitero *sub divo*.

Interpretazione – Necropoli.

Stato di conservazione / Leggibilità – Non id.

Cronologia – Età bizantina.

Bibliografia – LI GOTTI 1960, p. 9.

---

18 – C.da Vicario (Barrafranca, EN)

Cartografia – 268 III SE

Coordinate x/y – 425.370,45; 4.134.814,76

Altitudine –.351 m s.l.m.

Descrizione sito – Il rinvenimento è stato effettuato in una zona non meglio precisata.

Descrizione unità topografica – Ritrovamento sporadico di numerosi tegoloni e ceramica di varie epoche, come vernice nera, sigillata e ceramica bizantina oltre ad alcune monete tra le quali un bronzo di Valeriano ed un bronzo di Gallieno. Resti di abitato (fr. di pavimento in cocciopesto). Necropoli costituita composta da più di 200 tombe tra Case Vicario e Case Guardiano.

Interpretazione – Abitato e necropoli. Li Gotti sosteneva potesse trattarsi della *mansio* Calloniana

Stato di conservazione / Leggibilità – Non id.

Cronologia – Da età greca a età romana e tardoantica.

Bibliografia – LI GOTTI 1958-59; VALBRUZZI 2012, p. 223-224.

---

19 – C.da Sciorino (Barrafranca, EN)

Cartografia – 268 III SE

Coordinate x/y – 425.534,6 ; 4.133.661,71

Un approccio integrato al problema della ricostruzione della viabilità romana in Sicilia

Altitudine – 372 m s.l.m.

Descrizione sito – Il rinvenimento è stato effettuato in una zona non meglio precisata.

Descrizione unità topografica – Rinvenimenti sporadici di materiale ceramico

Interpretazione – Non id.

Stato di conservazione / Leggibilità – Non id.

Cronologia – Non id.

Bibliografia – LI GOTTI 1960, p. 4.

---

20 – Marcato Bianco (CL)

Cartografia – 268 III SO

Coordinate x/y – 409.879,73 ; 4.135.085,31

Altitudine – 366 m s.l.m.

Descrizione sito – Il rinvenimento è stato effettuato in una zona non meglio precisata.

Descrizione unità topografica – Spargimento di materiali ceramici tra cui bolli con iscrizione GALB.

Interpretazione – Insediamento. Paladino suggerisce posa trattarsi della *mansio* Calloniana.

Stato di conservazione / Leggibilità – Non id.

Cronologia – Età ellenistica. Da età augustea a tardoantica.

Bibliografia – PALADINO 2007.

---

21 – Vito Soldano (Canicattì, AG)

Cartografia – 267 II SO

Coordinate x/y – 394.525,06; 4.134.977,38

Altitudine – 461 m s.l.m.

Descrizione sito – Terreno pianeggiante in leggero declivio verso N, ampio ca. 40 ettari, in parte coltivato a vigneto.

Descrizione unità topografica –Impianto termale, forse privato, di I a.C./I d.C. sul quale si installa un edificio termale di fine III/inizi IV d.C.; residui di strade NS ed EO solo in parte indagate. Impianto artigianale con fornaci in uso dal VI all'VIII sec. d.C.

Interpretazione – Insediamento urbano o quasi urbano/forse la *statio* Corconiana.

Stato di conservazione / Leggibilità – Non id.

Cronologia – Da I a.C./I d.C. fino a VIII sec. d.C.

Bibliografia – LA LOMIA 1961, DE MIRO, FIORENTINI 1972-1973, p. 247; DE MIRO, AMICO, D'ANGELO 2016.

Schedario topografico

22 – C.da Monaco (Castrofilippo, AG)

Cartografia – 267 II SO

Coordinate x/y – 389.334,67; 4.133.039,57

Altitudine – 475 m s.l.m.

Descrizione sito – Il rinvenimento è stato effettuato in una zona non meglio precisata.

Descrizione unità topografica – Scavi di emergenza condotti a cavallo degli anni 60-70 del secolo scorso hanno portato alla luce tratti di strada lastricata e un edificio termale

Interpretazione – Insediamento, forse *statio*

Stato di conservazione / Leggibilità – Non id.

Cronologia – Età tardoantica

Bibliografia – DE MIRO, FIORENTINI 1972-1973, p. 247. WILSON 1990, p. 225.

---

23 – Rocca Stefano (Favara, AG)

Cartografia – 271 IV NE

Coordinate x/y – 383.451,13; 4.130.716,67

Altitudine – 270 m s.l.m.

Descrizione sito – Campo ca. 1,4 km a SE di Favara.

Descrizione unità topografica – Tombe ad arcosolio e resti, solo parzialmente scavati, di pavimenti a mosaico policromo e strutture absidate.

Interpretazione – Villa e necropoli tardoantiche.

Stato di conservazione / Leggibilità – Non id.

Cronologia – Età tardoantica.

Bibliografia – CASTELLANA 1984-1985, p. 527; WILSON 1990, p. 210.

---

24 – C.da Saraceno (Favara, AG)

Cartografia – 271 IV NE

Coordinate x/y – 380.945,83; 4.132.126,74

Altitudine – 361 m s.l.m.

Descrizione sito – Area in declivio verso est, alle pendici nordorientali del monte Catalfaraci.

Descrizione unità topografica – Area aperta con vasche; ambienti rustici; complesso termale con mosaici in bianco e nero al quale si addossano una serie di ambienti.

Interpretazione – Villa rustica.

Stato di conservazione / Leggibilità – Non id.

Cronologia – Prima fase tra II e IV sec. d.C.: villa residenziale con complesso agricolo. Seconda fase di IV sec. d.C.: ricostruzione della villa. La terza fase sino al V sec. d.C.: sfruttamento agricolo dell'area a seguito di una fase di distruzione violenta. Quarta fase dalla metà del VI sec. d.C. all'VIII d.C.: riformulazione architettonica della villa. Quinta fase di VII sec. d.C.: parziale risistemazione del complesso, alla quale è connessa la costruzione di una piccola cappella cristiana. Altre fasi: presenti strutture che gli scavatori attribuiscono ad età federiciana ma senza escludere la possibilità che possano riferirsi ai periodi arabo e normanno.

Bibliografia – CASTELLANA 1985; CASTELLANA 1986; CASTELLANA, MC CONNELL 1986; CASTELLANA, MC CONNELL 1990.

BIBLIOGRAFIA*

ADAMESTEANU 1955a = D. Adamesteanu, *due problemi topografici del retroterra gelese*, in "RendLinc", s. VIII, X, pp. 199-210.

ADAMESTEANU 1955b = D. Adamesteanu, *I primi documenti epigrafici paleocristiani nel retroterra di Gela*, in "RendLinc", s. VIII, X, pp. 568-571.

ADAMESTEANU 1962 = D. Adamesteanu, *L'ellenizzazione della Sicilia e il momento di Ducezio*, in "Kokalos", VIII, 1962, pp. 167-198.

ADAMESTEANU 1963 = D. Adamesteanu, *Nuovi documenti paleocristiani nella Sicilia centro-meridionale*, in "BdA", pp. 259-274.

ADAMESTEANU 1984 = Sofiana. Scavi 1954 e 1961, in *La villa romana del Casale di Piazza Armerina. Atti della IV riunione scientifica della scuola di Perfezionamento in Archeologia Classica dell"Università di Catania (Piazza Armerina, 28 settembre-1 ottobre 1983)*, in "CrdA", 23, pp. 74-83.

ALBANESE PROCELLI 1988-1989 = R. M. Albanese, E. Procelli, *Ramacca (Catania). Saggi di scavo nelle contrade Castellito e Montagna negli anni 1978, 1981 e 1982*, in "NSc", serie VIII, vol. XLII-XLII, pp. 7-22.

ALBU 2005 = E. Albu, *Imperial Geography and the Medieval Peutinger Map*, in "Imago Mundi", Vol. 57, No. 2, pp. 136-148.

ALBU 2014 = E. Albu, *The Medieval Peutinger Map: Imperial Roman Revival in a German Empire*, Cambridge University Press.

ALFANO, ARRABITO, MURATORE 2012 = A. Alfano, S. Arrabito, S. Muratore, *La Villa del Casale e l'insediamento di Sofiana: un SIT per la viabilità tra il tardoantico ed il medioevo*, in C. Sfameni, P. Pensabene (a cura di), *La villa restaurata e i nuovi studi sull'edilizia residenziale tardoantica*, Atti del convegno internazionale del Centro Interuniversitario di Studi sull'Edilizia abitativa tardoantica nel Mediterraneo (CISEM) (Piazza Armerina 7-10 novembre 2012), pp. 703-716.

AMARI, SCHIAPARELLI 1883 = C. Amari, M. Schiaparelli, *L'Italia descritta nel Libero del re Ruggero compilato da Edrisi*, Roma.

AMICO 1757-1760 = V. M. Amico, *Lexicon topographicum*, I-II-III, Palermo.

ANDRONICO 1983 = E. Andronico, *La mansio Capitoniana sulla via Catina-Agrigentum. Una proposta di identificazione*, in "Klearchos" XXV pp. 5-25.

ARENA, ADAMO 2012 = S. Arena e U. Adamo, *Archeoplatia, I siti archeologici del territorio di Piazza Armerina*, Assoro (EN).

ARINO GIL et al. 1991= E. Arino Gil, M.P. Lanzarote Subias, M.A. Magallon Botaya, M. Martin Bueno, *Las vías de Italia in Hispanias y Ab Asturica Terracone. Su influencia en el emplazamiento, catastros y desarrollo de algunas de las ciudades del valle medio del Ebro*, in "Bolskan Revista de Arqueologia del Instituto de Estudios Altoaragoneses", 8, 1991, pp. 243-270.

---

* Le abbreviazioni utilizzate per i titoli dei periodici fanno riferimento alla "Archäologische Bibliographie" del *Deutshce Archäologische Institut*.

ARNAUD 1988 = P. Arnaud, *L'origine, la date de rédaction et la diffusion de l'archétype de la Table de Peutinger*, in "BAntFr", pp. 302-320.

ARNAUD 1993 = P. Arnaud, *L'Itinéraire d'Antonin: un témoin de la littérature itinéraire du BasEmpire*, in "GeoAnt", II, pp. 33-49.

BECKER, BOSCHI, CAMPANA 2009 = H. Becker, F. Boschi, S. Campana, *Contributo per lo sviluppo storico della magnetometria applicata all'archeologia*, in *Groma 2. In profondità senza scavare*, Bologna, BraDypUs, 2009, pp. 373-396.

BELVEDERE, BURGIO 2009 = O. Belvedere, A. Burgio, *Sulla viabilità nel territorio di Palma di Montechiaro. Brevi note in margine al "Progetto Cignana"*, in C. Marangio, G. Laudizi (a cura di), Παλαιά Φιλία, *Studi di Topografia Antica in onore di Giovanni Uggeri*, Galatina, pp. 515-530.

BERGER 1995 = A. Berger, *Leontios Presbyteros von Rom. Das Leben des heiligen Gregorios von Agrigent. Kritische Ausgabe Übersetzung und Kommentar*, in "Berliner byzantinistische Arbeiten" 60, Berlin.

BIANCHINI 2008 = M. Bianchini, *Manuale di rilievo e di documentazione digitale in archeologia*, Roma.

BONACASA CARRA 2002 = R.M. Bonacasa Carra, *Sofiana*, in R.M. Bonacasa Carra, R. Panvini (a cura di), *La Sicilia meridionale tra II e VI sec. d.C.*, Catalogo della mostra - Caltanissetta, Gela / aprile - dicembre 1997, Caltanissetta, pp. 103-113.

BONACINI 2010 = E. Bonacini, *Una proposta di identificazione lungo la via a Catina-Agrigentum*, in "Aitna",4, pp. 79-92.

BONACINI 2006 = E. Bonacini, *Capitoniana a Contrada Favarotta/Tenuta Grande?*. In "Valdinoto - Rivista della Società Calatina di Storia Patria e Cultura", 1, pp. 65-83.

BONACINI, TURCO 2015 = E. Bonacini, M. Turco, *L'insediamento rurale di Contrada Franchetto a Castel di Iudica (CT). Un sito rurale tra età repubblicana ed età imperiale*, in "FOLDER", 339.

BONANNO 2014 = C. Bonanno, *La villa romana di Gerace e altri insediamenti residenziali nel territorio ennese*, in P. Pensabene e C. Sfameni (a cura di), *La villa restaurata e i nuovi studi sull'edilizia residenziale tardoantica, atti del Convegno Internazionale del Centro Interuniversitario di studi sull'edilizia abitativa nel Mediterraneo (CIseM)* (Piazza armerina 7-10 novembre 2012), Bari, pp. 91-105.

BOSIO 1983 = L. Bosio, *La Tabula Peutingeriana. Una descrizione pittorica del mondo antico*, Rimini.

BOSIO 1987 = L. Bosio, *La viabilità della Sicilia negli Itineraria romani*, in *Viabilità antica in Sicilia*, Atti del III Convegno di studi, Riposto 30-31 Maggio 1987, Catania, pp. 25-34.

BOWES *et al.* 2011 = K. Bowes, M. Ghisleni, G.F. La Torre, E. Vaccaro, *Preliminary report on Sofiana/Mansio Philosophiana in the hinterland of Piazza Armerina*, in "JRA" n.24, pp. 423-449.

CALDERONE 1984 = S. Calderone, *Contesto storico, committenza e cronologia*, in *La villa romana del Casale di Piazza Armerina. Atti della IV riunione scientifica della scuola di Perfezionamento in Archeologia Classica dell"Università di Catania (Piazza Armerina, 28 settembre-1 ottobre 1983)*, in "CrdA", 23, pp. 13-57.

CALZOLARI 1996 = M. Calzolari, *Introduzione allo studio della rete stradale dell'Italia romana: l'Itinerarium Antonini*, Roma.

CAMBI 2006 = F. Cambi, *Archeologia (globale) dei paesaggi (antichi): metodologie, procedure, tecnologie*, in G. Macchi Janica (a cura di), *Geografie del Popolamento: casi di studio, metodi e teorie*. Vol.1, Siena, pp. 349-357.

CAMBI 2011 = F. Cambi, *Manuale di archeologia dei paesaggi*, Roma.

CAMPANA *et al.* 2016 = S. Campana, R. Scopigno, G. Carpentiero, M. Cirillo (a cura di), *CAA2015 KEEP THE REVOLUTION GOING Proceedings of the 43rd Annual Conference on Computer Applications and Quantitative Methods in Archaeology*, Vol. I, Oxford.

CAMPANA, FORTE, LIUZZA 2010 = S. Campana, M. Forte, C. Liuzza (a cura di), *Space, Time, Place Third International Conference onRemote Sensing in Archaeology*, Oxford.

CAMPANA, PIRO 2009 = S. Campana, S. Piro (a cura di), *Seeing the Unseen. Geophysics and Landscape Archaeology*, Londra.

CAMPANA, PRANZINI 2001 = S. Campana, E. Pranzini, *Il telerilevamento in Archeologia*, in S. Campana, M. Forte (a cura di), *Remote Sensing in Archaeology. XI Ciclo di Lezioni sulla Ricerca applicata in Archeologia* (Certosa di Pontignano 1999), Firenze, pp. 17-62.

CAMPOIANO 2008 = M. Campopiano, *Liber Guidonis compositus de variis historiis. Studio ed edizione critica dei testi inediti*, Firenze.

CARACAUSI 1983 = G. Caracausi, *Arabismi medievali di Sicilia*, Palermo.

CARACAUSI 1994 = G. Caracausi, *Dizionario onomastico della Sicilia*, Palermo.

CARANDINI *et al.* 1982 = A. Carandini, A. Ricci A., M. De Vos, *Filosofiana. La villa di Piazza Armerina. Immagine di un aristocratico romano al tempo di Costantino*, Flaccovio, Palermo.

CARUSO NOBILI 2001 = E. Caruso, A. Nobili (a cura di). *Le mappe del catasto borbonico di Sicilia. Territori comunali e centri urbani nell'archivio cartografico Mortillaro di Villarena (1837-1853)*, Palermo: Regione Siciliana, Assessorato dei beni culturali e ambientali e della pubblica istruzione.

CASTELLANA 1984-1985 = G. Castellana, *Ricerche nel territorio di Palma di Montechiaro e nel territorio di Favara*, in "Kokalos", 30-31, pp. 521-527.

CASTELLANA 1985 = G. Castellana, *Scavi e ricerche nel territorio di Favara (Agrigento)*, in "SicA", 57-58, XVIII, pp. 105-114.

CASTELLANA, MC CONNELL 1986 = G. Castellana, B.E. McConnell, *Notizie preliminari sullo scavo della villa romana in contrada Saraceno nel territorio di Agrigento*, in "SicA", 60-61, XIX, pp. 97-108.

CASTELLANA, MC CONNELL 1990 = G. Castellana, B. E. McConnell, *A Rural Settlement of Imperial Roman and Byzantine Date in Contrada Saraceno near Agrigento, Sicily*, in "AJA", Vol. 94, No. 1, pp. 25-44.

CASTIGLIONE 2016 = A. Castiglione, *Toponimi nella storia. Diritto e diritti nei repertori toponimici popolari in Sicilia*, in G. Marcato (a cura di), *Il dialetto nel tempo e nella storia*, Padova, 467-474.

CEGLIA 2012 = V. Ceglia, *Villa romana di Mattonelle – San Martino in Pensilis nuove iscrizioni*, in G. De Benedittis (a cura di), *Considerazioni di Storia e Archeologia*, 1, Campobasso 2008, pp. 65-66.

CERAUDO 2008 = G. Ceraudo, *Sulle tracce della Via Traiana. Indagini aerotopografiche da Aecae a Herdonia*, Foggia.

CERRETELLI 1996 = C. Cerretelli, *Prato e la sua provincia*, Prato.

CHELOTTI 1996 = M. Chelotti, *Sugli assetti proprietari e produttivi in area daunia ed irpina: testimonianze epigrafiche*, in AA.VV. *Epigrafia e territorio. Politica e società. Temi di antichità romane*. vol. IV, pp. 8-30, Santo Spirito.

CHEVALLIER 1972 = R. Chevalier, *Les voies romaines*, Parigi.

CHIARANDÀ 1654 = G. P. Chiarandà, *Piazza città di Sicilia*, Messina.

CITTER, ARNOLDUS-HUYZENDVELD 2011 = C. Citter, A. Arnoldus-Huyzendveld, *La ricostruzione di percorsi a breve e lunga distanza e il tema degli attrattori*, in C. Citter & A. Arnoldus-Huyzendveld, *Uso del suolo e sfruttamento delle risorse nella pianura grossetana nel medioevo verso una storia del parcellario e del paesaggio agrario*. Confronti, 1, pp. 86-99. Roma.

CLÜVER 1659 = P. Clüver, *Philippi Cluverii Sicilia antiqua... contracta opera Johannis Bunonis... ejusque Sardinia et Corsica antiqua*, sumptibus Conradi Bunonis.

CORSI 2000 = C. Corsi, *Le strutture di servizio del Cursus Publicus in Italia: ricerche topografiche ed evidenze archeologiche*, Oxford.

COSTE 1996 = J. Coste, *Scritti di topografia medievale. Problemi di metodo e ricerche sul Lazio*, in "Istituto Storico Italiano per il Medio Evo. Nuovi studi Storici", 30, Roma.

DE MIRO, AMICO, D'ANGELO 2016 = A. De Miro, A. Amico, F. D'Angelo, *Canicattì (AG), Vito Soldano*, in D. Malfitana et M. Bonifay (a cura di), *La ceramica africana nella Sicilia romana | La céramique africaine dans la Sicile romaine*, Monografie dell'Istituto per i Beni Archeologici e Monumentali, C.N.R., 12, Catania, pp. 147-153.

DE MIRO, FIORENTINI 1972-1973 = E. De Miro, G. Fiorentini, *Attività della Soprintendenza alle Antichità della Sicilia centro-meridionale negli anni 1968-1972*, in "Kokalos", XVIII-XIX, pp. 228-247.

DI GIORGIO INGALA 1900 = P. Di Giorgio Ingala, *Mazzarino, ricerche e considerazioni storiche*, Caltanissetta (rist. anast., Caltanissetta, 1996).

DI MATTEO 1999 = S. Di Matteo, *Viaggiatori stranieri in Sicilia dagli Arabi alla seconda metà del XX secolo, repertorio, analisi, bibliografia*, Palermo.

DI PAOLA 1999 = L. Di Paola, *Viaggi, trasporti e istituzioni, Studi sul cursus publicus*, Di.Sc.A.M., Catanzaro.

DI STEFANO 1930 = G. di Stefano, *Parere sulla questione degli usi civici del Comune di Mazzarino*, Palermo.

DILKE 1985 = O.A.W. Dilke, *Greek and Roman maps*, Londra.

DILKE 1987 = O. A. W. Dilke, *Itineraries and geographical maps in the early and late Roman empires*, in J.B Harley, D. Woodward (a cura di) *The History of Cartography, Vol.1: Cartography in Prehistoric, Ancient, and Medieval Europe and the Mediterranean*, Chicago, pp. 234-57.

DUFOUR 1995 = L. Dufour, *La Sicilia disegnata: la carta di Samuel von Schmettau, 1720-1721*, Palermo.

FACELLA 2003 = A. Facella, in *Note di toponomastica latina nella Sicilia occidentale: toponimi prediali con suffisso -anum, -ana*, in *Quarte Giornate Internazionali di Studi sull'Area Elima. Atti*, Pisa 2003, pp. 437-465.

FINAMORE 1991 = E. Finamore, *Italia medioevale nella toponomastica: dizionario etimologico dei nomi locali*, in *Dispense de "Il Sodalizio", Quaderni-ricerche linguistiche*, Rimini.

FIORENTINI 1986 = G. Fiorentini, *Testimonianze e documenti di età paleocristiana e bizantina nel territorio di Gela*, in "Kokalos", XXXII, pp. 297-304.

FIORENTINI et al. 1986 = G. Fiorentini, G. Lo Porto, A. Marsiano, R. Mascara, I. Nigrelli, S. Zafarana, *Aspetti storico-archeologici e geografico-naturalistici del territorio dei comuni di Butera-Gela-Mazzarino e Niscemi*, Gela (CL).

FIORILLA 1997 = S. Fiorilla, *(CL) Delia, loc. Castellazzo. 1987, 1989, 1995*, in *Schede 1996-1997* (a cura di Sergio Nepoti), in "AMediev", XXIV, pp. 403-404.

FIORILLA 2002 = S. Fiorilla, *Il territorio nisseno in età bizantina: dati archeologici e riflessioni*, in *Byzantino-sicula*, 4 pp. 243-274.

FIORILLA 2004 = S. Fiorilla, *Insediamenti e territorio nella Sicilia centromeridionale: primi dati*, in "MEFRM", 116, 1, pp. 79-107.

FORTE, CAMPANA 2017 = M. Forte, S. Campana (a cura di), *Digital Methods and Remote Sensing in Archaeology. Archaeology in the Age of Sensing*, Berlino.

FRANCOVICH, CAMPANA, FELICI 2005 = R. Francovich, S. Campana, C. Felici, *Large scale magnetic survey and archaeological mapping. the Grosseto and Siena projects*, in S. Piro (a cura di) *proceedings of the 6th International Conference on Archaeological Prospection*, (Roma 14-17 settembre 2005), Institute of Technologies Applied to Cultural Heritage, Roma, pp. 25-30.

GAROFALO 1901 = F. P. Garofalo, *Le vie romane in Sicilia: studio sull'Itinerarium Antonini*, Napoli.

GAROFALO 2009 = E. Garofalo, *Mazzarino: la costruzione di una piccola capitale*, in S. Rizzo (a cura di), *Percorsi di Archeologia e Storia dell'Arte*. Centro Culturale "Carlo Maria Carafa" Mazzarino. Caltanissetta, pp. 19-26.

GASCA QUEIRAZZA *et al*. 2003 = G. Gasca Queirazza, C. Marcato, G. B. Pellegrini, G. Petracco Sicardi e A. Rossebastiano, *Dizionario di toponomastica, storia e significato dei nomi geografici italiani*, UTET.

GENTILI 1969 = G.V. Gentili, *Piazza Armerina - Enna. Le anonime città di Montagna di Marzo e di Monte Navone. Testimonianze archeologiche*, in "NSc", serie VIII, vol. XXIII, suppl. II.

GIANCOLA 2013 = F. Giancola, *I materiali repubblicani dell'area archeologica di Contrada Mattonelle presso San Martino in Pensilis*, in *Considerazioni di Storia ed Archeologia, I Quaderni*, n. 6, Campobasso 2013.

GREEN 1998 = D.H. Green, *Language and History in the Early Germanic World*, Cambridge.

GREY *et al*. 2015 = C. Grey, J. R. Mathieu, A. Arnoldus-Huyzendveld, A. Patacchini, M. Ghisleni, *Familiarity, Repetition, and Quotidian Movement in Roman Tuscany*, in "Journ. Mediter. Arch.", 28.2 (2015), pp. 195-219.

GUZZARDI 2002 = L. Guzzardi, *L'attività della Soprintendenza ai beni culturali e ambientali di Enna nel settore archeologico: 1996-1997*, in "Kokalos", XLIIIXLIV, II, 1, pp. 291-310.

HERZOG 2014 = I. Herzog, *A review of case studies in archaeological least-cost analysis*, in "ACalc", 25, pp. 223-239.

HOLM 1896-1901 = A. Holm, *Storia della Sicilia nell'antichità*, I-III, Torino-Palermo.

JOHNSON *et al*. 1961 = A. C. Johnson, P. R. Coleman Norton, F. C.Bourne, C. Pharr, *Ancient Roman Statutes: A Translation with Introduction, Commentary, Glossary, and Index*, Austin.

KAJAVA 1995 = M. Kajava, *Sull'origine di Cosconia Gallitta*, in "Helmantica: Revista de filología clásica y hebrea", Tomo 46, N° 139-141, 1995, pp. 243-250.

KOLB 2016 = A. Kolb, *Mansiones and cursus publicus in the Roman Empire / Mansiones e cursus publicus nell'impero romano*, in P. Basso, E. Zanini (a cura di), Statio amoena *Sostare e vivere lungo le strade romane*, Oxford, pp. 3-8.

KUBITSHCEK 1916 = W. Kubitshcek, *Itinerarien* in *RE* 9,2, cc. 2308-2363.

LA LOMIA 1961 = M. R. La Lomia, *Ricerche archeologiche nel territorio di Canicattì, Vito Soldano*, in "Kokalos", VII, pp. 157-165.

LA TORRE 1993-1994 = G.F. La Torre, *Mazzarino (CL) – Contrada Sofiana. Scavi 1988-1990*, in "Kokalos", XXXIX-XL., II, 1, pp. 765-770.

LA TORRE 1994 = G.F. La Torre, *Gela sive Philosophianis (It. Antonini, 88,2): Contributo per la storia di un centro interno della Sicilia romana*, in "Quad. Ist. Arch. Univ. Mess.", 9, pp. 9-139.

LAGONA 1980 = S. Lagona, *La Sicilia tardo-antica e bizantina*, in "FelRav", s.IV, fasc.119-20, pp. 111-130.

LEVI 1967 = A. e M. Levi, *Itineraria Picta. Contributo allo studio della Tabula Peutingeriana*, Roma.

LI GOTTI 1958-59 = A. Li Gotti, *Identificazione definitiva di Calloniana*, in "ArchStorSicOr", 54-55, pp.123-130.

LI GOTTI 1960 = A. Li Gotti, *Barrafranca (Enna)- Rinvenimenti nel territorio*, in "NSc", vol 13, 1959.

LI GOTTI 1965 = A. Li Gotti, *La penetrazione cristiana nella zona di Barrafranca, Piazza, Pietraperzia e Mazzarino secondo le recenti scoperte*, in "Archivio Storico Siciliano", serie III, vol. XIV, pp. 67-80.

LIGRESTI 1992 = D. Ligresti, *Feudatari e patrizi nella Sicilia moderna (secoli XVI-XVII)*, Catania.

LIGRESTI 1995 = D. Ligresti (a cura di), *Comunità di Sicilia. Fondazioni, patti, riveli*, Catania.

LIGRESTI 2002 = D. Ligresti, *Dinamiche demografiche nella Sicilia moderna: 1505-1806*, Milano.

LILLESAND, KIEFER, CHIPMAN 2015 = T.Lillesand, R. W. Kiefer, J. Chipman, *Remote Sensing and Image Interpretation, 7th Edition*, Toronto.

MANNI 1981 = E. Manni, *Geografia fisica e politica della Sicilia antica*, in "supplementi a Kokalos", 4, Roma.

MARGANI 2005 = G. Margani, *Celle tricore – Edifici a pianta trilobata nella tradizione costruttiva siciliana*, Catania.

MARTYN 2004 = J.R.C. Martyn, *A Translation of Abbot Leontios' Life of Saint Gregory Bishop of Agrigento*. Lewiston.

MASSA 1707-1709 = G.A. Massa, *La Sicilia in prospettiva*, Palermo.

MAURICI 1993 = F. Maurici, *L'insediamento medievale nel territorio di Agrigento: inventario preliminare degli abitati (XI-XIV secolo)*, in "SicA", XXVI, 83, pp. 7-71.

MERCIER 1992 = R. P. Mercier, *Geodesy*, in J. B. Harley, D. Woodward (a cura di), *The History of Cartography, Vol.II, book I: cartography in the traditional islamic and south asian societies*, Chicago, pp. 175-188.

MIGLIORATI 2011-2012 = L. Migliorati, *La città e il territorio*, in "Rend. Pont. Acc. Rom. Arch.", LXXXIV, pp. 351-402.

MILLER 1916 = K. Miller, *Itineraria Romana «Römische Reisewege an der Hand der Tabula Peutingeriana»*, Roma, coll. 395-404.

MUSSON, PALMER, CAMPANA 2005 = C. Musson, R. Palmer, S. Campana, *In volo nel passato, Aerofotografia e cartografia archeologica*, Firenze.

ORSI 1907 = P. Orsi, *Relazione preliminare sulle scoperte archeologiche avvenute nel sud-est della Sicilia nel biennio 1905 - 1907. VI. Siracusa*, in "NSc", pp. 741-778.

PACE 1958 = B. Pace, *Arte e Civiltà della Sicilia Antica*, seconda edizione, Roma-Città di Castello.

PALADINO 2004 = *La via romana tra Catina e Agrigentum: un'ipotesi di ricostruzione topografica*, in "Semestrale di Studi e Ricerche di Geografia del Dipartimento di Geografia dell'Università di Roma La Sapienza", I, 2004, pp. 39-66.

PALADINO 2006 = *Insediamenti tardo-antichi nella Valle del Salso: le mansiones lungo la via Catina-Agrigentum e il loro inquadramento nella viabilità siciliana*, in "Valle del Salso", Caltanissetta, 52-53.

PALADINO 2007 = Paladino L., *Presenze romane nella valle del Salso: un nuovo sito archeologico attraverso le ricognizioni di superficie*, in *La Sicilia romana tra Repubblica e Alto Impero*, Atti del Convegno di Studi, Caltanissetta 20-21 Maggio 2006, Caltanissetta, pp. 42-50.

PANVINI 2002 = R. Panvini, *Insediamenti bizantini nella Sicilia centro-meridionale*, in *Bizantino-Sicula IV*, Atti del I Convegno Internazionale di Archeologia della Sicilia bizantina, Palermo, pp. 190-213.

PANVINI 2004 = R. Panvini, *Itinerari di età romana nella Sicilia centro-meridionale*, in *Itinerari e comunicazioni in Sicilia tra tardo antico e Medioevo* Atti del Convegno di studi, Caltanissetta, pp. 36-45.

PARCAK 2009 = S. H. Parcak, *Satellite Remote Sensing for Archaeology*, Oxford.

PELLEGRINI 1990 = G.B. Pellegrini, *Toponomastica italiana*, Milano.

PENSABENE 2010 = P. Pensabene, *Villa del Casale e il territorio di piazza Armerina tra tardo antico e medioevo le nuove ricerche del 2004-2009*, in P. Pensabene (a cura di) *Piazza Armerina: Villa del Casale e la Sicilia tra tardoantico e medioevo*, Roma.

PICARRETA 1987 = F. Picarreta, *Manuale di fotografia aerea: uso archeologico*, Roma.

PICARRETA, CERAUDO 2000 = F. Picarreta, G. Ceraudo, *Manuale di aerofotografia archeologica. Metodologia, tecniche e applicazioni*, Bari.

PIERI 1936 = S. PIERI, *Toponomastica delle Valli del Serchio e della Lima*, Pisa.

PINZONE 1999 = A. Pinzone, *Provincia romana. Ricerche di storia della Sicilia romana da Gaio Flaminio a Gregorio Magno*, Catania.

PIRRI 1733 = R. Pirri, *Sicilia sacra disquisitionibus, et notitiis illustrata, Volume 1*, Palermo.

PRETO 2006 = P. Preto, *Una lunga storia di falsi e falsari*, in "Mediterranea", anno III, n. 6, pp. 11-38.

PUGLISI 1987 = G. Puglisi, *Le vie del frumento. Aspetti dell'organizzazione stazionaria e mansionaria nella Sicilia tardoromana*, in *Viabilità antica in Sicilia*, Atti del III Convegno di studi, Riposto 30-31 Maggio 1987, Catania, pp. 77-102.

REED 1978 = N. Reed, *Pattern and purpose in the Antonine Itinerary*, in *American Journal of Philology*, pp. 228-254.

RIZZITANO 1994 = U. Rizzitano, *Il libro di Ruggero: il diletto di chi è appassionato per le peregrinazioni attraverso il mondo / Idrisi; traduzione e note di Umberto Rizzitano*, Palermo.

RUSSI 1986 = A. Russi, *I pastori e l'esposizione degli infanti nella tarda legislazione imperiale e nei documenti epigrafici*, in "MEFRA", tomo 98, n. 2, 1986, pp. 855-872.

RUTA 2007 = C. Ruta (a cura di), *Ibn Giubayr: Viaggio in Sicilia*, Caltanissetta.

SALMIERI 1984 = G. Salmieri, Un *magister ovium* di Domizia Longina in Sicilia, in "AnnPisa", serie III, vol. XIV, 1, pp. 13-23.

SANTAGATI 2006 = L. Santagati, *La Sicilia del 1720 secondo Samuel von Schmettau ed altri geografi e storici del suo tempo*, Caltanissetta.

SANTAGATI 2017 = L. Santagati, *Ponti antichi, medievali e feudali di Sicilia. Catalogo ragionato comprendente anche gli acquedotti con un'appendice sui traghetti fluviali e marini*, Caltanissetta.

SCHNETZ 1942 = J. Schnetz, *Itineraria Romana, vol. II: Ravennatis Anonymi Cosmographia et Guidonis Geographica*, Stoccarda.

SCHUBRING 1873 = J. Schubring, *Historisch-geographische Studien über Altsicilien. Gela, Phintias. Die südlichen Sikeler*, in "RhM", XXVIII, pp. 65-140.

SCUTO 1990 = S. Scuto, *Fornaci, Castelli & Pozzi dell'età di mezzo; catalogo della mostra al Museo Archeologico di Gela 22 giugno-30 dicembre 1990*, Agrigento.

SCUTO, FIORILLA 2010 = S. Scuto, S. Fiorilla, *Delia: il Castellazzo: scavi e restauri (1987-1995)*, Caltanissetta.

SFACTERIA 2016a = M. Sfacteria, *Viabilità romana in Sicilia. Nuove osservazioni sull'ipotetico percorso della via interna Catania-Agrigento*, in "PELORO", VOL 1, N° 1, pp. 21-40.

SFACTERIA 2016b = M. Sfacteria, *Fotomodellazione 3d e rilievo speditivo di scavo: l'esperienza del Philosophiana project* in "ACalc" 27, pp. 199-217.

SFAMENI 2006 = C. Sfameni, *Ville residenziali nell'Italia tardoantica*, Bari.

SILVESTRI 1882 = G. Silvestri, *De Rebus Regni Siciliae. 9 settembre 1282 - 26 agosto 1283. Documenti inediti estratti dall'archivio della Corona d'Aragona*, Palermo.

SIRENA 2012 = G. Sirena, *La viabilità antica ai margini della Piana di Catania: il territorio di Ramacca*, in *Tradizione, Tecnologia e Territorio, 1,* Catania, pp. 45-56.

TALBERT 2007 = R.J.A. Talbert, *Konrad Miller, Roman Cartography, and the Lost Western End of the Peutinger Map*, FS Eckart Olshausen, pp. 353-366.

TALBERT 2010 = R.J.A. Talbert, *Rome's World: The Peutinger Map Reconsidered*, Cambridge University Press.

TARQUINI et al. 2007 = S. Tarquini, I. Isola, M. Favalli, F. Mazzarini, M. Bisson, M.T. Pareschi, E. Boschi, *TINITALY/01: a new Triangular Irregular Network of Italy*, in "Annals of Geophysics", 50, pp. 407-425.

TARQUINI et al. 2012 = S. Tarquini S., S. Vinci, M. Favalli, F. Doumaz, A. Fornaciai, L. Nannipieri, *Release of a 10-m-resolution DEM for the Italian territory: Comparison with global-coverage DEMs and anaglyph-mode exploration via the web*, in "Computers & Geosciences", 38, pp. 168-170.

TOSCO 2009 = C. Tosco, *Il paesaggio storico: le fonti e i metodi di ricerca tra Medioevo ed età moderna*, Roma-Bari.

UGGERI 1987 = G. Uggeri, *L'evoluzione del sistema viario romano in Sicilia*, in *Viabilità antica in Sicilia*, Atti del III Convegno di studi, Riposto 30-31 Maggio 1987, Catania, pp. 51-64.

UGGERI 1996 = G. Uggeri, *L'insediamento rurale nella Sicilia romana*, in *Atti Insediamenti Rurali nella Sicilia Antica*, Caltagirone 1992, in "Aitna", 2, Catania, pp. 35-52.

UGGERI 1997-1998 = G. Uggeri, *Itinerari e strade, rotte, porti e scali della Sicilia tardoantica*, in "Kokalos", XLIII-XLIV, I, 1, pp. 299-364.

UGGERI 2000 = G. Uggeri, *Il contributo della toponomastica alla ricerca topografica*, in P.L. Dall'Aglio (a cura di), *La topografia antica*, Bologna, pp. 119-132.

UGGERI 2002 = G. Uggeri, *La Sicilia centro-meridionale tra il II e il VI secolo d.C.*, in R.M. Bonacasa Carra, R. Panvini (a cura di), *La Sicilia meridionale tra II e VI sec. d.C.*, Catalogo della mostra - Caltanissetta, Gela / aprile - dicembre 1997, Caltanissetta, pp. 39-56.

UGGERI 2004 = G. Uggeri, *La viabilità della Sicilia in età romana*, Lecce.

VACCARO 2012 = E. Vaccaro, *Re-Evaluating a Forgotten Town using Intra-Site Surveys and the GIS Analysis of Surface Ceramics: Philosophiana-Sofiana (Sicily) in the Longue Durée*, in P. Johnson e M. Millett (a cura di), *Archaeological Survey and the City*, pp. 107-145.

VACCARO 2013 = E. Vaccaro, *Sicily in the Eighth and Ninth Centuries AD: A Case of Persisting Economic Complexity?*, in "Al-Masaq: Islam and the Medieval Mediterranean", Vol.25, Issue I, pp. 34-69.

VACCARO LA TORRE 2015 = Vaccaro, E., G.F. La Torre, con contributi di C. Capelli, M. Ghisleni, A.M. Mercuri, G. Lazzeri, M. MacKinnon, A. Pecci, E. Rattighieri, S. Ricchi, E. Rizzo e M. Sfacteria. *La produzione di ceramica a Philosophiana (Sicilia centrale) nella tarda età bizantina: metodi di indagine ed implicazioni economiche*, in "AMediev", N°. 42, 2015, pp. 53-91.

VALBRUZZI 2012 = F. Valbruzzi, *Archeologia dei paesaggi: gli insediamenti rurali di età romana e tardoantica nel territorio degli Erei*, in *I Quaderni del Patrimonio Culturale Ennese*, Collana interdisciplinare del Servizio Soprintendenza per i Beni Culturali ed Ambientali di Enna, Assoro (EN), pp. 205-240.

VALERIO 2014 = V. Valerio, *Tre momenti di conquista nella cartografia Siciliana*, in V. Valerio, S. Spagnolo (a cura di) *SICILIA 1477-1861. La collezione Spagnolo-Patermo in quattro secoli di cartografia*, Napoli, pp. 67-89.

VAN BERCHEM 1973 = D. Van Berchem, *L'itinéraire Antonin et le voyage en Orient de Caracalla (214-215)* in "Comptes rendus des séances del'Académie des Inscriptions et Belles-Lettres", 117ᵉ année, N. 1, pp. 123-126.

VERA 1999 = D. Vera, Massa fundorum, *Forme della grande proprietà e poteri della città in Italia tra Costantino e Gregorio Magno*, in "MEFRA", 111, 2, pp. 991-1025.

VERBRUGGHE 1976 = G. P. Verbrugghe, *Itinera Romana: Sicilia*, Volume 2, Berna.

WHEELER 1920 = G. H. Wheeler, *Textual Errors in the Itinerary of Antoninus*, in "The English Historical Review", Vol. 35, No. 139, pp. 377-382.

WHEELER 1932 = G. H. Wheeler, *Textual Errors in the Itinerary of Antoninus, II*, in "The English Historical Review", Vol. 47, 1932, pp. 622-626.

WILSON 1984 = R.J.A. Wilson, *Piazza Armerina and the Senatorial Aristocracy in late Roman Sicily*, in *La villa romana del Casale di Piazza Armerina. Atti della IV riunione scientifica della scuola di Perfezionamento in Archeologia Classica dell"Università di Catania (Piazza Armerina, 28 settembre-1 ottobre 1983)*, in "CrdA", 23, pp. 170-182.

WILSON 1990 = R.J.A. Wilson, *Sicily under the Roman Empire: the archaeology of a Roman province 36 BC-AD 535*, Warminster.

ZITO 1985 = R. Zito, *San Cono: genesi e vita di un Comune*, Catania.

www.ingramcontent.com/pod-product-compliance
Lightning Source LLC
Chambersburg PA
CBHW061548010526
44115CB00023B/2983